智慧赚钱

奕泽\著

中华工商联合出版社

图书在版编目（CIP）数据

智慧赚钱 / 奕泽著. -- 北京 :中华工商联合出版社，2025. 6. -- ISBN 978-7-5158-4282-0

Ⅰ. F307. 5-49

中国国家版本馆 CIP 数据核字第 20255NA591 号

智慧赚钱

作　　者：奕　泽
出 品 人：刘　刚
责任编辑：吴建新
装帧设计：上尚装帧设计
责任审读：付德华
责任印制：陈德松
出版发行：中华工商联合出版社有限责任公司
印　　刷：三河市宏顺兴印刷有限公司
版　　次：2025年6月第1版
印　　次：2025年6月第1次印刷
开　　本：710mm × 1000mm　1/16
字　　数：145千字
印　　张：11
书　　号：ISBN 978-7-5158-4282-0
定　　价：58.00元

服务热线：010-58301130-0（前台）
销售热线：010-58302977（网店部）
010-58302166（门店部）
010-58302837（馆配部、新媒体部）
010-58302813（团购部）
地址邮编：北京市西城区西环广场A座
19-20层，100044
http://www.chgscbs.cn
投稿热线：010-58302907（总编室）
投稿邮箱：1621239583@qq.com

前言
PREFACE

朝九晚五地工作，公交、地铁来回奔波，你是否已经看到了十年后的自己？花钱容易赚钱难，你是否每天都在为捉襟见肘的日子发愁？很多人有心做兼职、搞副业补贴家用，却不知道究竟做什么，怎么做，更不要说做出点小成绩了。你是否也有这样的烦恼？

移动互联网拉开大幕时，有一批人抓住了机遇，乘着时代大潮奋发努力，赚得盆满钵满。很多时候，我们总是感叹自己时运不济，没有赶上好机遇，错失良机。如果你也抱着这样的想法，那么你就大错特错了。每一个时代都充满着机遇，机遇对于每一个人都是公平的，只要你审时度势，获得财富并不是一件多么困难的事情。

有一段时间，“副业刚需”这个词狠狠地刺痛了我们的心。没点副业收入都会缺乏安全感，很多人都在盲目地做副业，看什么火就跟着做什么。从事自媒体行业多年，我见过太多这样的人，看起来是走在了风口上，但是，往往摔下来更惨。

我鼓励大家做副业，但是一定要有自己的打法。遗憾的是，大多数人并没有找到适合自己的副业，也没有找对自己的平台，往往是坚持了很长时间，一看收益，都不够电费和流量费，最后黯然收场。

副业到底该怎么做？如何从0到1打造自己的“小金库”？站在自媒体创

业者的角度，结合我多年的培训经验，我写了这么一本书，希望可以帮到想做副业却又找不到路径和方法的朋友。

在本书中，我会告诉你如何构建自己的副业体系，如何结合自己的优势找对适合自己的平台，如何找到变现的路径，如何打造自己的商业模式，如何打磨自己的变现产品，以及如何避开一些弯路和雷区等。

如果你打算做副业，或者自媒体之路走得并不顺畅，相信我，这本书一定会给你带来启发和帮助。因为，我所写的，不仅仅是我看到的、接触到的、朋友经历的，还有我自己成功的经验和失败的教训。

做副业，做自媒体，在我看来，是一种思维的进阶，它绝不只是让你多赚一份钱，还会为你带来一系列的变化，帮你认识自己，助你成长，甚至让你成为流量担当，实现名利双收。这并非不可能，当下很多网红都是从做副业开始的。

那么，就让我的这本书，帮你开启副业之路吧！

目录
CONTENTS

第 1 课　普通上班族如何做副业 / 001

第 2 课　AI 助力副业赚钱的三个方法 / 009

第 3 课　用 DeepSeek 打开财富密码 / 015

第 4 课　宝妈如何利用自媒体赚钱 / 021

第 5 课　人到中年，如何通过副业破局 / 029

第 6 课　年轻人要增加收入，抓住三个要点 / 037

第 7 课　副业赚钱的逻辑 / 045

第 8 课　抖音、头条、微博怎么赚钱 / 053

第 9 课　找到适合自己的赚钱平台 / 061

第 10 课　私域流量变现的三大要点 / 071

第 11 课　头条和 B 站的变现模式 / 079

第 12 课　抖音变现的渠道和运营方式 / 089

第 13 课　快手变现的途径和内容创作法则 / 101

第 14 课　在京东、闲鱼、淘宝客上月入过万 / 107

第 15 课　写作赚钱的秘诀其实很简单 / 115

第 16 课 教你四招，把读过的书变成钱 / 123

第 17 课 给你五个建议，助你成为网络红人 / 131

第 18 课 教你三招，把爱好变成副业 / 137

第 19 课 涨粉其实并不难，留住粉丝就三招 / 145

第 20 课 做好定位，变现其实很轻松 / 153

第 21 课 打造个人 IP，让副业变主业 / 163

第1课

普通上班族如何做副业

朝九晚五上班，公司、家里两点一线，这是大多数普通上班族共同的生活模式。很多人把工作八小时之外的时间都交给了手机，刷剧、刷视频、打游戏……生活很单调，也没有最大限度地实现人生价值，这样的生活状态造成了很大的时间浪费。

八小时之外的时间，除了吃饭睡觉，我们大可以想想做一点副业挣钱。上班族做副业需要能够自由调配的时间、灵活多变的工作方式，那么，做自媒体再合适不过了。

上班族如何才能做好自媒体呢？大致可分为三步，即寻找目标、调研计划以及执行和调整。

寻找目标

寻找目标是上班族做自媒体的第一步。这一步的关键在于背景纠偏。所谓背景纠偏，即需正确认知当前所处的自媒体时代特征，持续跟进行业演变趋势，避免思维停滞于过往阶段。

图1　自媒体时代发展历程

纵观自媒体发展历程，可划分为五个典型时期：PC门户网站时代、微博社交时代、微信公众号时代、强内容时代及当下的算法推荐时代。现阶段行业已全面进入算法驱动阶段，这为内容创业者创造了结构性机遇。

在抖音、今日头条等算法型平台，创作者发布内容后，系统会基于用户兴趣图谱进行智能分发。若作品的标题、封面或话题引发点击互动，后续将获得指数级流量加持。这意味着即便零粉丝基础的新人，亦有较高概率打造阅读量超10万+的爆款内容——此类现象在早期的公众号图文时代几乎不可想象。

内容生产逻辑同样发生本质变革。强内容时代要求创作者深耕图文长内容，千字长文搭配专业配图成为标配，单篇内容制作常需八小时以上。如今随着剪映、Canva等工具普及，一部手机即可完成脚本撰写、视频剪辑、封面设计全流程，创作耗时压缩至一至两个小时。内容形态更从深度长文转向轻量化短视频，30秒直击痛点的内容往往比3000字长文更具传播力。

李琳在一家百货公司上班。她负责化妆品专柜，每天的工作是销售各类化妆品。这份工作不需占用下班时间维护客户，因此她从无加班困扰，业余生活完全自由支配。近日，她偶然得知一位同事在某网络平台经营副业，收入颇丰，不禁心动，萌生了利用八小时外时间赚取零花钱的念头。

然而，选择何种副业让她陷入纠结。同事因热爱美食选择直播烹饪，但李琳自认厨艺平平，难以效仿。思忖良久，她想到自己学生时代常被夸赞文笔流畅，或许能在自媒体平台发布深度文章吸引读者。定下方向后，她立刻行动，耗费两个夜晚完成一篇以“职场女性护肤选择逻辑”为主题的文章，反复修改至满意后，郑重发布至某文字平台。

事与愿违，文章上线后阅读量寥寥，仅获三次点赞，宛如枯叶坠入深潭未惊波澜。李琳心有不甘，暗忖创业初期必然艰辛，便又挤出三个晚上撰写两篇新作，内容分别探讨“消费主义背后的焦虑营销”与“经典国货复兴困境”。然而数据依旧惨淡，评论区仅两条“支持作者”的客套留言。

接连受挫令她心生沮丧，最终决定向副业成功的同事请教经验。同事直言：“当下自媒体已非‘强内容时代’，而是‘强推荐时代’。作品发布后，平台会优先匹配用户偏好标签，若内容形式或话题缺乏算法青睐，曝光量必然受限。”这番话令李琳豁然开朗。她意识到，尽管自认文章质量尚可，但纯文字载体在短视频主导的流量市场竞争力薄弱，既难满足平台推荐逻辑，更难实现变现目标。

至此，李琳决意调整策略，重新评估自身优势与平台特性，探索更契合趋势的创作领域。

李琳最初的失败就是因为对自媒体背景认识不清。她虽然接触自媒体，但没有跟上自媒体发展的步伐，错误地停留在强内容时代。所以说，完成好背景纠偏，正确认识自媒体背景，我们才能更加清晰地制订自己的创业规划，逐渐探寻到哪种类型的内容更受欢迎，更有发展空间，从而更高效地进行下一步。

调研计划

调研计划是上班族踏入自媒体领域的第二步。在对时代背景进行纠偏后，我们对当下所处的时代有了清晰认知，此时便要开展情绪纠偏工作。所谓情绪纠偏，就是要正确看待自媒体成就。做自媒体需要精准定位规划，始终保持理性认识，而关键就在于如何进行情绪纠偏。

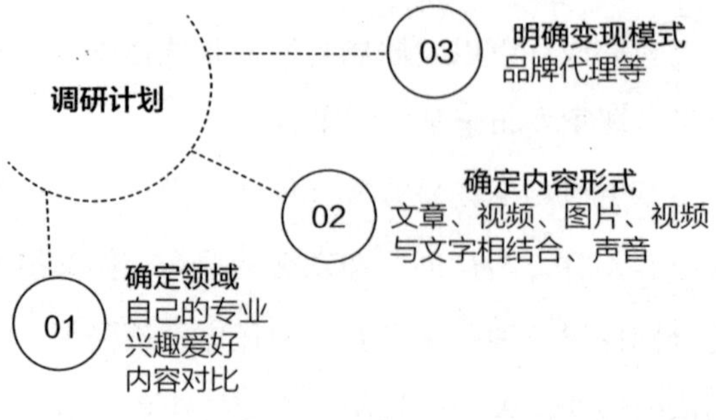

图2 调研计划

首先，领域定位至关重要。简单而言，就是要确定自己所选的领域或行业，明确内容方向。从过往实践可知，垂直领域更易吸引同属性粉丝，后期变现也更为容易。当账号长期深耕一个领域，便会逐渐扎根生长，不仅能获得粉丝认可，还可能赢得平台更多推荐，吸引潜在用户。而且，持续深耕、学习与分享，能让人成为该领域专家，操作起来愈发得心应手。那么，选择行业有哪些技巧呢？通常可从三方面着手：其一，优先挑选与自身职业相关的专业领域，毕竟每日接触，更为熟悉，上手也更容易；若自己有产品或服务欲通过自媒体销售，直接选相关产品领域即可。其二，选择兴趣爱好所在。兴趣是最好的老师，能支撑人不断探索研究，让内容制作更具创意，成果更加出彩。其三，进行内容对比。有些人本职工作不适于做自媒体，又无兴趣爱好和特长，此时就需与他人内容对比，挖掘自身擅长的领域。比如先找资讯类软件，打开各频道查看他人发布内容，进而确定自己适合的内容，锁定领域。自媒体时代，个人人生经历、生活经验等都能为有需求的用户提供价值。

其次，确定内容形式。领域确定后，心中便有了大致方向，接着要明确是写文章、拍视频，还是拍图片，或是文字与视频结合，亦或只做音频。这时要考虑自身特点。若不好意思面对镜头或难以克服心理因素，前期可用文字形式分享；若文笔欠佳但讲话条理清晰，可选择音频或视频方式；若愿追随潮流，最好以视频为主，分享日常见闻、行业知识或自身专长之事。

最后，明确变现模式。变现几乎是自媒体人的共同目标，无论因何进入自媒体行业，盈利都应放在首位。有了收入，才能有持续前行的信心与勇气，激发自身潜力。具体变现模式众多，要依据自身领域和产品找到适配方向。

总之，对于上班族涉足自媒体，做好调研计划至关重要。从领域定位到内容形式确定，再到变现模式明确，每一步都需谨慎考量。只有如此，才能在自媒体之路上稳步前行，实现自身价值与经济收益的双赢，避免盲目跟风，确保自媒体创作既有热情又有方向，在竞争激烈的自媒体浪潮中站稳脚跟，开启属于自己的精彩篇章，让自媒体成为展现自我、创造价值的有力平台，而非徒增焦虑与迷茫的负担。

傍晚六点半，小蒋关掉办公室的电脑，乘着晚高峰地铁回到出租屋。和往常一样，她从冰箱拿出速冻水饺扔进沸水，端着碗瘫坐在发旧的布艺沙发上。手机支架上的短视频自动播放着：30岁的旅拍摄影师在冰岛追极光，25岁的美妆博主晒着爱马仕开箱，连隔壁小区的全职妈妈都在直播间卖出200套儿童绘本……算法精准捕捉着她的每一次停顿，不断推送“素人逆袭”的故事。当看到有位养猪农户展示自己通过拍摄农村日常月入五万时，小蒋猛地坐直身子，饺子汤洒在睡衣上都没察觉——这已经是本周第七次因为看视频而忘记吃饭。

这种悸动在周末达到了顶点。周日上午10点，阳光透过纱帘在地板上织出菱形光斑，小蒋突然把手机拍在茶几上。“别人能行，凭什么我不行？”她在不足30平方米的单间里来回踱步，床角堆着的快递盒被她踢得东倒西歪。那个养猪农户的账号粉丝才两万，最新视频里的猪圈墙皮都剥落了；上周关注的美甲教程博主，连普通话都说不标准……反观自己，好歹是正经本科毕业，在公司做了三年市场文案，难道还不如这些“外行”？

注册账号的过程比她想象得更简单。下午2点17分，一个顶着系统默认头像、昵称为"小蒋看世界"的账号悄然出现在平台。没有策划会议，没有脚本撰写，她举着手机开始满屋子转悠：阳台上蒙灰的多肉植物，衣柜里过时的碎花连衣裙，甚至冰箱里蔫掉的芹菜，都成了镜头里的“主角”。“观众应该喜欢真实的生活记录吧？”她边剪辑边自言自语，把30多段零碎画面拼成首支视频《独居女孩的日常》，背景音乐用的是时下最火的情歌高潮片段。

最初三天像是参加永无止境的派对。每天通勤地铁上，她左手抓着吊环，右手不断刷新通知页面；午饭时间躲在楼梯间，对着个位数的播放量纠结滤镜浓度；深夜两点还在回复仅有的三条评论——“你家电水壶和我家同款”“多肉该浇水了”“窗帘颜色显旧”。直到第七天，那条拍摄晨跑路线的视频意外获得92次播放，她兴奋得差点坐过站，立刻在出站口的便利店买了最贵的冰淇淋庆祝。

但粉色甜筒还没吃完，数据又跌回冰点。整整两周，账号像被丢进深海的石子，除了一串递减的播放量（78→65→43→21），没激起任何水花。某天深夜，她瘫在床上翻看发布记录：公园长椅的特写、公司楼下的流浪猫合集、试吃网红泡面的吐槽……23条视频如同散落的拼图块，找不出任何主题线索。“怪不得观众记不住我。”她忽然意识到什么，手指悬在“删除”按钮上方微微发抖。

转折发生在某个加班的雨夜。等待幻灯片导出的间隙，她点开平台推送的某母婴博主主页。最初几条视频是超市购物分享，点赞不过百；从第14条开始固定呈现“双胞胎辅食日记”，最新视频已获3.2万点赞。顺着推荐列表点开五个万粉账号，发现美妆区博主持续测评平价唇釉，旅行主播专注挖掘古镇老茶馆——这些就像百货商场的专柜陈列，每个窗口都展示着明确的主题。

台灯在白墙上投下浅黄色光晕，小蒋的视线扫过厨房门框上的便利贴。那张贴了半年的菜谱写着“电饭煲盐焗鸡”，是上次同学聚餐时被夸赞的拿手菜。她突然记起发第一条视频时，同事曾评论：“你做的雪花酥能不能出教程？”当时只觉得是客套话，此刻却像突然摸到了迷宫出口。

次日下午，她提前两站下地铁，冲进超市采购食材。花甲在清水里吐沙的沙沙声、蒜末在热油里爆香的噼啪声、小米椒坠入酱汁激起的涟漪——这些曾被忽略的声响与画面，在补光灯下忽然有了生命力。当《电饭煲三汁焖锅》视频上传成功时，橱柜上的计时器显示深夜1点46分。这次她没设闹钟早起看数据，裹着被子睡得格外踏实。

三周后的某个工作日，手机突然在会议桌上震动起来。躲在桌下点开通知，发现调味品品牌的私信时，她差点碰翻主管的咖啡——对方想寄样品试吃，还有本地连锁餐馆询问探店报价。那天早高峰的地铁似乎开得特别快，她盯着持续上涨的粉丝数，终于在出闸机时笑出了声。转角的奶茶店玻璃映出她的身影：依旧是那只磨损的托特包，但握手机的手指有了不一样的力度。

如今她的冰箱贴换成了铁粉手写的食谱请求，调料架摆着合作商寄来的新品。有时深夜剪辑完视频，她会翻看早期那些杂乱无章的素材，恍惚间觉得像是上辈子的事。上周清理手机内存时，那个养猪农户又上了热门，但小蒋微笑着划了过去。她终于明白，所谓"普通人逆袭"的故事里，从来没有拍进镜头的，是他们在按下录制键前，对着满墙思维导图做出的千百次选择。

执行和调整

执行与调整是上班族涉足自媒体领域的关键步骤。这一环节的核心在于对业务方向的灵活调整。许多人误以为，在自媒体上取得成功就必须坚持不懈地深耕一个领域，一旦确定了方向就绝不更改。因此，他们日复一日地发布内容，却期待着不同的结果。然而，这种方法在自媒体运营中往往是行不通的。

执行与调整的精髓在于，当你在熟悉的平台上开始发布内容后，需要进行灰度测试。对于同一个选题，可以尝试两三种不同的排版方式或内容组合，以此来检验哪种形式更受欢迎。随后，根据数据反馈不断优化内容版式，直至找到最适合的内容源。做好自媒体的一个重要原则是不能固步自封，而要适时调整策略，并不断总结出适合自己的方法。

对于普通上班族而言，遵循这三步并做到心中有数至关重要。这意味着要有明确的目标和清晰的规划，了解如何通过自媒体逐步实现变现和盈利，从而名利双收。这样，你就找到了进入自媒体领域的正确切入点。

在后续的自媒体运营中，应按照既定计划行事，同时密切关注行业动态，实时更新内容，始终保持在潮流前沿。如此，成功便指日可待。

第 2 课

AI 助力副业赚钱的三个方法

在当今科技迅猛发展的时代，人工智能（AI）已不再是科幻电影中的虚幻概念，而是实实在在融入生活且创造经济价值的强大力量。从智能语音助手到自动化生产线，AI正以前所未有的速度重塑各行业格局，为敏锐的创业者与从业者开辟了一条条通往财富的道路。

AI赚钱的核心逻辑依托于其强大的数据处理、分析以及学习能力。海量数据犹如AI的“燃料”，算法则是“发动机”，二者协同运作，驱动模型精准洞察需求、优化流程、预测趋势，进而赋能商业场景高效运转，实现降本增效，创造超额利润。

无论是大型企业借助AI提升运营效率、开拓新业务领域，还是中小团队聚焦垂直领域打造专属解决方案，亦或是个人开发者利用AI工具开发便捷应用，都是围绕这一基础框架来挖掘财富机遇。在这个AI时代，谁能更好地把握其特性与优势，谁就更有可能在激烈的市场竞争中脱颖而出，收获丰厚的经济回报。

电商细分领域

在当今数字化时代，电商领域呈现出蓬勃发展的态势。而在电商的细分领域中，AI早已掀起一场波澜壮阔的变革浪潮，深刻地改变着电商运营的各个层面。

个性化推荐系统堪称AI在电商领域的经典应用范例。电商平台每日都会积累海量的用户数据，诸如浏览记录、购买历史以及收藏偏好等。AI算法恰似一位目光敏锐的洞察者，能够对这些数据进行实时且深入的分析。例如，某知名电商平台通过对用户行为的深度挖掘，当用户浏览了一款运动跑步鞋后，系统不仅能精准地推送同品牌的不同款式跑步鞋，还能巧妙地关联推荐运动套装、运动手环等周边产品。这种精准的推送方式，让顾客无须在浩如烟海的商品中盲目地搜寻，极大地提高了购买转化率，使得销售额如同芝麻开花一般节节攀升。许多中小电商卖家借助这一系统，成功地将小众特色商品精准地展示给目标客户，从而实现了销量的突破。

客服环节在AI的赋能下也焕发出了新的活力。智能客服机器人能够24小时在线，随时准备响应顾客的咨询。以某大型电商活动期间为例，面对如潮水般涌来的咨询量，智能客服机器人可以实现秒级响应。无论是关于商品详情、物流进度还是售后问题，它都能迅速且准确地给出答复。这不仅极大地降低了人力成本，让商家无须再大规模地雇佣临时客服，还能够确保服务质量始终保持在较高水平。如此一来，商家便可以将节省下来的资源集中投入到核心业务的拓展中，比如产品研发、市场推广等，从而有效地拓宽了盈利空间。

小林是一位上班族，利用业余时间在电商平台上开设了一家手工饰品店。他通过AI工具分析市场趋势和热门款式，精准地定位受众需求，设计出独具特色的饰品。同时，他还利用AI驱动的营销工具进行推广，吸引了大量顾客。在客服环节，智能客服机器人帮助他高效地处理咨询，让他能够将更多的精力放在产品创新上。如今，这家小店的副业收入已经远远超出了他的本职工作收入。

AI在电商细分领域的应用，正持续不断地推动着行业的革新与发展，为电商从业者带来了更多的机遇与可能。它就像一股强大的动力，驱使着电商行业不断向前迈进，在未来，我们有理由相信，AI将在电商领域发挥出更加重要的作用，创造出更多的价值。

医疗健康领域

在当今科技飞速发展的时代，医疗健康领域正经历着一场深刻的变革，而AI的应用更是为这一领域注入了无限潜力。

医学影像诊断方面，AI展现出了令人惊叹的实力。它就像一位不知疲倦、目光敏锐的助手，辅助医生快速、精准地识别病灶。哪怕是那些极其微小、容易被人类医生忽视的异常，也难逃AI的“法眼”。例如，在某大型医院的放射科，引入了先进的AI医学影像诊断系统后，医生们在诊断一些复杂的胸部CT影像时，原本可能需要花费数分钟甚至更长时间去仔细甄别，现在借助AI的辅助，仅需短短十几秒就能初步锁定可疑病灶区域。这不仅大幅提高了诊断效率，而且准确性也得到了显著提升，误诊漏诊的情况明显减少。对于患者而言，这无疑是争取到了宝贵的治疗时间；对于医疗机构来说，因误诊引发的额外医疗成本与资源浪费得以降低，间接提升了收益。

药物研发环节，AI同样发挥着举足轻重的作用。它能够模拟分子结构、预测药效，如同一位超级“科学家”，在微观世界里进行无数次的实验和分析。以某知名制药企业为例，他们利用AI技术对新药研发过程进行优化。在过去，研发一款新药往往需要耗费大量的时间和资金，周期漫长且风险极高。而现在，借助AI的强大计算和分析能力，企业能够更精准地筛选有潜力的药物分子，加速新药上市进程。这使得制药企业凭借缩短研发周期、降低成本，收获了丰厚的回报。同时，更多有效的新药能够更快地推向市场，惠及全球患者。

李浩是一名医疗行业的从业者，利用自己对医疗知识的了解和掌握的AI技术，在业余时间为一些小型医疗机构或健康管理机构提供AI医学影像诊断的技术支持服务。他们帮助这些机构搭建和优化AI诊断系统，不仅获得了额外的收入，还提升了自己的专业技能和行业经验。还有一些人通过开发与AI医疗健康相关的手机应用程序，为用户提供健康管理、疾病预警等服务，通过收取一定的费用或者广告收入来实现盈利。

总之，AI在医疗健康领域的应用前景广阔，无论是对医疗行业的发展还是个人创收，都带来了前所未有的机遇。

教育领域

在当今科技飞速发展的时代，各行各业都在积极寻求与人工智能的深度融合，教育行业亦不甘落后，AI助力下的智能教学平台如雨后春笋般蓬勃兴起。

自适应学习系统无疑是AI在教育领域的一大亮点。它就像一位贴心的智能导师，能够根据学生知识掌握情况动态调整课程难度和内容。例如，在数学学习中，当系统检测到学生对某一知识点理解困难时，会适时降低难度，补充更多基础讲解和练习；而对于已经熟练掌握的部分，则会跳过或提供更具挑战性的题目，真正实现个性化辅导。通过这种方式，学生的学习效果得到显著提升，满意度也随之增加。教育机构敏锐地捕捉到这一趋势，纷纷引入自适应学习系统，借此打造差异化竞争优势，吸引更多生源。随着学生数量的增加，通过规模化教学摊薄成本，教育机构收获了可观的利润。

线上教育结合AI互动课件、虚拟实验室，更是打破了时空限制，拓展了教育市场的边界。以一家知名的在线教育机构为例，他们利用AI技术开发了丰富多样的互动课件。在物理课程中，学生可以通过虚拟实验室进行各种实验操作，模拟真实的实验场景，直观地观察实验现象，深入理解物理原理。这种沉浸式学习体验吸引了大量学生报名。同时，该机构还通过大数据分析学生的学习行为，为每个学生制定个性化的学习计划，进一步提高了教学质量和学生的学习效果。凭借这些创新举措，该机构在市场上迅速崛起，为从业者打开了全新的盈利通道。

张兴是一位教育工作者，一直探索如何让知识传播更有力量。偶然间，张兴接触到AI教育领域。起初，张兴将AI技术融入传统教学课程设计。比如在编程教学中，利用AI辅助工具，让学生更直观地理解代码逻辑，学习效率大幅提升。这种独特的教学方式吸引了众多学生报名，课程费用也随之增加，收入有了明显增长。

后来，张兴开发了一套AI教育在线课程体系。通过录制精美的视频教程，结合AI智能答疑功能，学员能随时随地学习。课程推出后，反响热烈，不仅本地学生购买，还吸引了全国各地乃至海外的学员。

张兴还与企业合作，为他们定制AI培训方案，提升员工技能。企业愿意为高质量的AI教育服务支付可观的费用。看着学生们因AI教育开启新的发展路径，企业在AI赋能下蓬勃发展，张兴也在教育与财富的双重收获中，坚定了在AI教育领域继续深耕的决心。

第 3 课

用 DeepSeek 打开财富密码

在当今数字化浪潮汹涌的时代，DeepSeek仿若一颗隐匿于浩瀚商海中的璀璨明珠，悄然为普通人铺就了一条通往财富自由的通途。无需雄厚的资金铺垫，不必倚仗过硬的学历背景，只要怀揣着对赚钱的热望与不懈钻研的毅力，每个平凡之人都能在DeepSeek的天地里觅得属于自己的盈利良方。

利用写作赚钱

在当今数字化时代，内容创作的需求呈现出爆发式增长。如果你有较好的写作基础，那么DeepSeek的智能写作功能无疑可以成为你的赚钱利器。

许多企业、自媒体和个人都有大量的内容创作需求。以企业为例，为了推广新产品，需要撰写吸引人的产品描述；自媒体为了吸引流量和粉丝，要定期输出高质量的文章；个人在运营自己的品牌或进行知识分享时，也离不开优质的文案。比如某知名电子产品企业，为了在激烈的市场竞争中脱颖而出，需要大量关于产品评测、使用指南等方面的文章来宣传自家产品。而一些自媒体博主，为了给粉丝提供有价值的内容，也需要不断创作各类主题的文章。

你可以在平台上承接这些写作任务，并充分利用DeepSeek AI辅助创作。当接到写作任务时，与AI进行深入沟通是关键。例如，客户要求写一篇关于某款智能手机的评测文章。你可以先在DeepSeek中输入该手机的品牌、型号、主要特点等关键信息，让AI生成一份初稿。这份初稿可能会详细罗列产品的基本信息，如屏幕尺寸、处理器型号、摄像头参数等，以及常见功能介绍，像拍照模式、续航能力等。

然而，仅仅有这些基础内容是不够的。这时，你就要发挥自己的专业知识和独特见解。比如，你是一名数码爱好者，对这款手机有深入的了解和实际使用体验。你可以根据自己的感受对初稿进行润色和优化。添加个人的见解，分析这款手机在游戏性能方面的表现，是否能够流畅运行大型游戏；或者分享在使用过程中，其系统操作是否便捷，有没有一些独特的人性化设计。还可以与其他同类产品进行对比分析，突出该产品的优势。例如，将这款手机与同价位的其他品牌手机进行拍照效果的对比，通过实际拍摄的样张展示其在色彩还原、夜景拍摄等方面的优势。这样，一篇高质量且富有个性的评测文章就诞生了。

你可以将完成的文章提交给客户，并获得相应的报酬。随着经验的积累和口碑的提升，你还可能获得更多高难度、高报酬的写作任务。比如，一些专业的金融机构可能需要撰写行业报告，分析市场趋势和投资策略。这时候，你就可以凭借自己扎实的写作基础和对行业的了解，结合DeepSeek的强大功能，为客户提供专业、准确的报告。或者一些创业者需要撰写商业计划书，你也可以利用自己的能力和AI的辅助，为他们打造一份具有吸引力和可行性的商业计划。

总之，DeepSeek智能写作为有写作基础的人提供了一个广阔的赚钱空间。只要善于利用这一工具，不断提升自己的写作能力，就能在这个领域取得不错的收益。

利用数据分析赚钱

在当今这个数据驱动的时代，数据如同蕴藏着无尽宝藏的矿山，而数据分析能力则成为挖掘这些宝藏的关键钥匙，愈发显得珍贵无比。无论是大型企业的战略决策，还是小型企业的运营调整，都离不开对数据的深入分析。DeepSeek的出现，为普通人提供了一个涉足数据分析领域并赚取收入的绝佳机会。

一些小型企业或创业者，在市场的浪潮中奋力拼搏，他们深知数据的重要性，却常常面临困境。以一家主营特色手工艺品的小型电商店铺为例，店主小李一心想要扩大店铺规模，提高销售额。他手里掌握着大量的市场数据、销售数据，比如不同手工艺品在不同地区的销售情况、客户的购买频率、对各类产品的反馈评价等。然而，他却缺乏专业的数据分析人才和有效的分析工具，这些数据在他眼中就如同一团乱麻，无法从中梳理出有价值的信息。

这时，DeepSeek软件的作用就凸显出来了。当接到像小李店铺这样的数据分析任务时，首先要将相关数据导入DeepSeek。就拿小李提供的销售数据来说，其中包含了丰富的细节信息，如商品种类有手工编织的饰品、木雕摆件等，销售量和销售额随时间波动，客户评价也五花八门。

利用DeepSeek强大的数据处理和分析功能，可以对这些数据进行清洗，去除一些无效或错误的数据，比如重复的记录、明显不合理的数值等。接着进行整理，将相同类型的数据归类，以便后续分析。然后，通过设定特定的算法和模型，深入挖掘数据中的宝贵信息。通过分析销售趋势，发现某些手工饰品在特定节日期间销量会大幅增长；热门商品品类中，具有民族特色的木雕摆件在年轻消费者群体中备受欢迎；从客户偏好来看，简洁大方的设计风格更受青睐。

将这些分析结果以直观易懂的报告形式呈现给小李。报告里不仅有清晰的数据图表，展示销售数据的变化趋势、各类商品的销售占比等，还有详细的分析结论。更重要的是，利用DeepSeek生成了一些针对性的建议。比如根据销售趋势，建议小李在节日前夕提前备货热门手工饰品；针对客户偏好，调整商品的设计方向，推出更多符合年轻人审美的产品；同时，优化商品推荐策略，在店铺首页突出展示热门商品。

小李按照这些建议进行调整后，店铺的销售额逐渐上升。而作为提供数据分析服务的你，也因此收取了相应的数据分析费用。收费标准可以根据项目的复杂程度和数据量的大小来确定，像小李店铺这样数据量适中、分析难度一般的项目，可以收取一定的基础费用。随着业务的拓展，你还可以与更多的企业建立长期合作关系。比如与多家小型电商店铺合作，为他们定期提供数据分析服务，稳定收入来源，在数据驱动的时代中开辟出属于自己的一片天地。

通过知识付费赚钱

在当今数字化时代，知识就是财富，如果你在某个领域拥有丰富的知识和宝贵的经验，那么DeepSeek这个强大的工具能够帮助你将这些无形的资产转化为具有经济价值的知识付费内容，为你开辟一条赚钱之路。

以在线课程的创建为例，这是一个将知识系统化、商业化的有效途径。假设你是一位资深的摄影爱好者，在摄影领域有着深厚的造诣和丰富的实践经验，打算开设一门摄影技巧课程。首先，你需要确定课程主题，比如“风光摄影技巧全攻略”。

接下来，就可以充分利用DeepSeek来进行课程内容的设计和完善。你可以将摄影相关的知识点，如构图方法中的对称构图、三分法构图等，光线运用里的顺光、逆光拍摄技巧，相机设置中的各种参数调整等，详细地输入到DeepSeek中。DeepSeek能够凭借其强大的算法和数据分析能力，迅速生成一份结构清晰、内容全面的课程大纲，甚至还能提供部分讲解内容。

然而，仅仅依靠AI生成的内容还不够。这时，你就需要结合自身的实际拍摄经验和教学心得，对内容进行补充和细化。比如，你可以添加自己在拍摄壮丽山川时如何根据不同时段的光线选择合适的拍摄地点和角度的个人案例分析；分享在拍摄城市夜景时，如何通过调整相机的长曝光参数来捕捉车水马龙的璀璨灯光等实践技巧。这些亲身经历的分享能够让课程更具实用性和可操作性，让学员们真正能够学以致用。

在课程制作过程中，DeepSeek还能发挥重要作用。你可以利用它的语音合成功能录制旁白，其语音效果清晰自然，能够为课程增添专业感。同时，它还能生成一些图文并茂的教学资料，比如精美的摄影作品展示、详细的参数设置图表等，让课程内容更加生动形象。

当课程制作完成后，将其发布在知名的知识付费平台上。为了吸引学员购买课程，你需要进行有效的推广和营销。你可以通过社交媒体平台分享课程的精彩片段和自己的摄影作品，引起摄影爱好者的关注；与其他摄影领域的博主合作，进行课程推荐和互推；还可以举办线上的摄影讲座或直播活动，展示自己的专业实力，引导观众购买课程。

除了在线课程，电子书和付费音频节目的创作同样可以借助DeepSeek的力量。比如在创作一本关于摄影后期处理的电子书时，你可以利用DeepSeek来丰富内容，优化书籍结构。在制作付费音频节目时，让它帮忙撰写文案、生成音效等，提高产品质量。

总之，DeepSeek为那些在特定领域有知识储备的人提供了一个将知识转化为财富的有力工具。只要善于运用，就能在知识付费市场中占据一席之地，实现自己的赚钱目标。

• 第 4 课 •

宝妈如何利用自媒体赚钱

有些全职带娃的妈妈不太适应没有半分钱收入的生活，希望能干点什么来贴补家用。然而，带娃的妈妈想找到一份合适的兼职并非易事。给别人工作的实质是将自己的时间“零售”给用人单位，用人单位支付工资，本质上是买断了你这段时间的使用权。但带娃的妈妈大部分时间要照顾孩子，只有一小部分时间可自由支配，难以把时间整体打包出售给企业主，那就需要从其他经营时间的方式中探寻适合自己的新模式。此时，自媒体便成了全职“宝妈”的首选。

在自媒体平台上，能够把有限的时间最大化利用，也就是实现时间的“批发”。例如同时给多人做培训，这相当于对时间进行横向扩张，从而让创造价值的时间变得更多。那么，带娃的妈妈们具体该怎样做好自媒体呢？

选择合适的内容

在自媒体内容的选择上，我们首先应该考虑自己的爱好、特长以及熟悉领域。对于在家带娃的妈妈而言，最常接触的内容主要集中在化妆、亲子、情感、“种草”等方向。这些领域不仅贴近日常生活，更蕴含着将个人经验转化为内容价值的可能性。

化妆作为女性日常必备技能，具有天然的创作优势。善于化妆的带娃妈妈可以将化妆过程录制成视频，或通过直播教学吸引爱美女性关注。

乔伊曾是一位普通的全职妈妈，在经历生活转折后成长为美妆达人，其转型过程颇具启示性。两年前的乔伊与多数带娃妈妈无异，全身心投入家庭却疏于自我管理，直到遇见单亲妈妈小新。小新讲述的婚姻变故——从外企

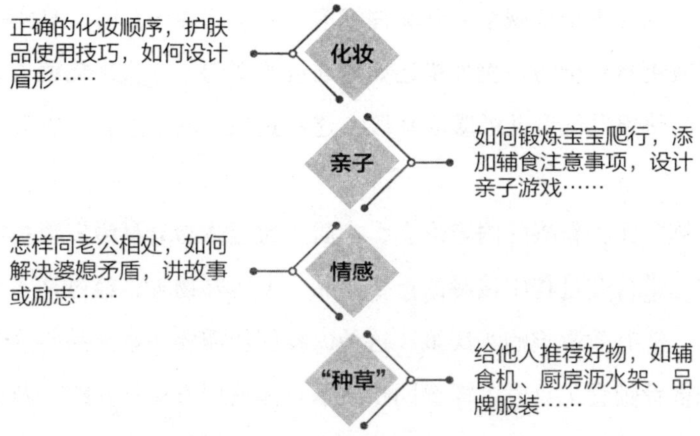

图3　适合全职妈妈操作的自媒体内容

白领到因育儿辞职，最终因形象问题遭遇婚变——深深触动了乔伊。这促使她思考：带娃妈妈如何摆脱经济依附的困境？基于对化妆品的热爱，她选择以美妆直播为突破口，通过系统学习化妆技术，逐步建立个人风格。从最初录制化妆视频到开展美妆代购，乔伊的成功印证了专注细分领域的重要性。这个案例表明，即使时间碎片化，只要内容定位精准且持续深耕，带娃妈妈完全能在自媒体领域实现价值转化。

亲子内容则具有更强的天然吸引力。育儿过程本身充满可分享的素材：宝宝成长里程碑、辅食添加经验、营养搭配心得等，都是引发共鸣的内容富矿。创作这类内容需把握关键要素：或提供实用育儿知识，如科学喂养技巧；或展现趣味互动，记录亲子游戏瞬间；或呈现高品质生活方式，分享高端育儿用品体验；亦可通过逆境成长故事传递正能量。这种多维度的内容矩阵，能够满足不同受众的观看需求。

情感话题作为第三大内容方向，其优势在于强烈的代入感。带娃妈妈在家庭关系处理上积累的独特经验，如夫妻相处之道、婆媳矛盾调解、亲友交往技巧等，往往能引发深度共鸣。相较于职场女性，全职妈妈的生活圈层相对固定，反而更擅长观察人际交往细节。分享这类内容时，真实案例往往比理论说教更具感染力。例如描述如何通过改变沟通方式来化解夫妻矛盾，或是记录与婆婆共同育儿的暖心片段，这些具象化的情感叙事更容易建立信任感。

“种草”作为新兴的内容形态，本质是通过体验分享激发消费需求。带娃妈妈在日常育儿过程中接触的母婴用品、家居好物等，经过真实测评和场景化展示，能有效影响购买决策。这种内容创作需要注意产品与受众的匹配度，比如推荐辅食工具时，需要同步演示具体使用方法；介绍儿童服装时，则应强调舒适性与实用性。成功的种草内容既能提供实用价值，又能为创作者带来佣金收益。

这些内容方向并非孤立存在，实践中往往产生交叉效应。比如美妆达人可以延伸分享产后护肤心得，亲子博主能够结合儿童用品测评，情感类内容则可融入家庭消费场景。关键在于找到个人特质与受众需求的结合点——就像乔伊将化妆技能与带娃妈妈的形象管理需求相融合，既解决了特定人群的痛点，又创造了商业价值。对于时间有限的带娃妈妈而言，聚焦最熟悉的领域持续输出，比盲目追逐热点更能建立持久影响力。

选择合适的形式

对于宝妈群体而言，内容创作具备视频、图片、图文及音频等多种形式选择。不同主题应当匹配对应的呈现方式。以亲子类内容为例，视频形式更具优势，因其既能直观记录生活场景，又具备操作简便性。当子女拥有出众外貌特征（如俊俏、呆萌）或特殊才艺（如舞蹈、歌唱）时，通过镜头记录成长过程，不仅能有效提升账号吸引力，还可能获得商业代言机会。

针对不擅长镜头表现的母亲群体，专栏文章或短图文是理想选择，通过静态影像与文字组合同样能实现内容传播。对于嗓音条件优越、表达条理清晰的育儿者，音频形式更具发展潜力，例如儿童故事朗读、情感类话题讲述或书籍解读等内容方向。核心原则在于：创作者需基于自身特质选择最适配的内容载体。

窦凡是一位年轻的全职妈妈。每天忙于照顾孩子和操持家务，仅有的空闲时间总被短视频填满。她羡慕自媒体创作者既能分享生活又能获得收入，却因不敢面对镜头而始终无法迈出第一步。这种矛盾让她陷入苦恼。

某天朋友的建议为她打开了新思路："既然担心看视频影响孩子视力，为什么不试试音频内容？"这个提议让窦凡开始关注有声平台。经过比较，她最终选择了喜马拉雅。孩子专注听故事的模样令她惊喜，那些专业主播富有感染力的演绎更让她着迷。渐渐地，一个念头在她心中萌芽——或许声音才是最适合她的表达方式。

这个发现彻底改变了窦凡的生活轨迹。她认真规划后注册账号，依托平台完善的培训体系，将育儿中的观察与感悟转化为音频内容。与视频创作时的拘束不同，在只闻其声的环境中，她找到了最自然的表达状态。这种形式不仅规避了她的镜头恐惧，更让她的语言天赋得到充分发挥。

窦凡的经历揭示出自媒体创作的关键：成功不在于追赶潮流，而在于找到最适合自己的表现形式。若当初她勉强选择视频赛道，镜头前的紧张很可能影响内容质量。而音频形式恰如其分地弥补了她的短板，使真实能力得以展现。这个案例说明，精准的自我认知比盲从趋势更能带来持久的创作生命力。

选择合适的平台

做好内容之后，选择合适的平台也是关键环节。每个平台都具有鲜明特征：抖音、B站以年轻用户为主，微信视频号覆盖更多中年群体；快手侧重直播生态，知乎深耕图文领域；小红书创作者扶持政策优厚，微博则具备广泛的公众影响力。创作者需根据作品属性与个人发展目标进行匹配选择。

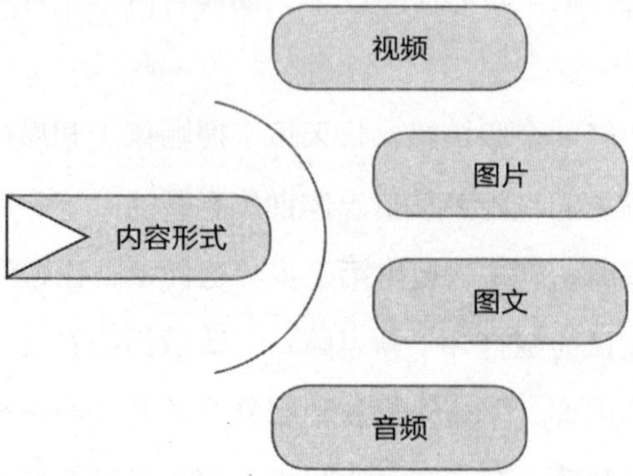

图4　适合全职妈妈操作的自媒体内容呈现形式

若以积累粉丝为首要目标，建议优先入驻流量集中的头部平台，通过持续运营培育忠实受众；若追求快速变现，可考虑政策倾斜型平台，如今日头条的“青云计划”提供基础收益，抖音直播在打赏分成外还设置阶梯式任务奖励。但无论选择何种路径，自媒体运营的核心逻辑始终是用户沉淀——只有当粉丝基数突破临界点，副业收入才能实现指数级增长，这是走向成功的必经之路。

某位“80后”全职妈妈的案例颇具代表性。这位热爱阅读的女性长期保持着读书习惯，常萌生独到见解却苦于无人分享。在发现触手平台（专注知识直播的垂直社区）的变现潜力后，她果断注册账号开设"深度拆书"专栏。其内容价值在于：一方面提炼专业书籍的精华，为职场人士节省学习时间；另一方面传授“二八法则”等高效阅读技巧，帮助书友建立知识框架。这种差异化定位使其三个月内收获12万粉丝，月收入突破6000元基础收益（含打赏分成），成功实现兴趣与收益的双重满足。

更具启发性的是其后续创新：当发现孩子对直播互动表现出兴趣时，她巧妙设计亲子共读环节。在解读儿童教育类书籍时，让孩子参与简单问答；非直播时段则开放“萌娃聊天室”。这种设计不仅提升了内容趣味性，更意外促进了孩子语言表达能力的发展——其孩子半年内从腼腆性格转变为能自然进行十分钟即兴讲述。这个案例印证了自媒体时代的可能性：即便受限于育儿场景，通过精准内容定位与平台特性结合，完全能够实现“教养陪伴—兴趣发展—经济收益”的三维平衡。

这个成功案例揭示出自媒体创业的底层逻辑：在数字时代，机会分配趋于扁平化。即便是时间碎片化的全职妈妈，通过纵向深化内容价值（如建立系统读书方法论）与横向拓展时间利用率（利用家务间隙构思脚本），同样能构建可持续的变现模式。但需要清醒认识的是，选对内容方向与平台只是创业起点。真正的分水岭在于持续运营能力：如何通过用户画像优化内容结构？怎样设计“钩子”提升完播率？付费转化路径如何搭建？这些都需要在实战中不断迭代解决方案。

第5课

人到中年，如何通过副业破局

孔子云“三十而立，四十而不惑”，步入中年本应是人生最从容的阶段。然而在时代剧变的今天，40岁群体正经历着前所未有的生活挑战。快节奏的生活节奏与沉重的社会压力交织，使这个群体深陷“灰色中年”的困境，即人们常说的中年危机。当职业发展的黄金时期悄然流逝，求职之路愈发艰难；零工经济的不稳定性加剧生存焦虑；经济重负与职场竞争的双重压力下难寻突破口；缺乏核心竞争力的群体只能依靠机械性劳作维持生计；创业梦想因成本风险与抗压能力不足而踯躅不前……这些现实困境正在消解中年人应有的精神光华。在此背景下，发展自媒体副业逐渐成为该群体突破困局的重要选择。

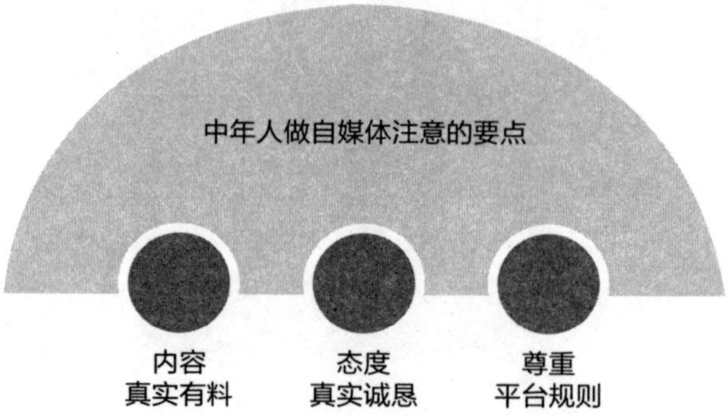

图5　中年人做自媒体注意的重点

作为已走过半程人生道路的群体，中年人积淀的职场智慧与生命体悟恰是优质内容的核心资源。通过分享特定领域的实践经验与职业思考，不仅能构建专业形象，更能引发同龄群体的深度共鸣。在具体实践中，需把握三个核心要素：第一，内容真实有料是立足之本，唯有深耕专业领域输出实用价值，才能形成持续吸引力；第二，态度真实诚恳是沟通桥梁，摈弃浮夸包装展现本真面貌，更易获得受众信任；第三，尊重平台规则是发展保障，深入理解算法机制与运营规范，方能实现良性发展。

这看似简单的准则，实则需要长期积累与持续精进——既要在内容创作中保持敏锐的时代触觉，又要在互动交流中坚守真诚本色，更要在规则框架内探索创新可能。当知识储备与平台特性形成共振时，自媒体便能成为突破中年困局的现实路径。

内容真实有料

“内容真实有料”的本质在于呈现清晰的价值定位。许多人朝秦暮楚地变换领域，缺乏持续深耕的定力，最终难以获得稳定受众群体。确立内容方向时，既需要量体裁衣的审慎，更需立足现实的考量：具备创业基础者宜从专业领域切入，系统规划知识体系；而缺乏经验者可优先尝试兴趣领域，将未竟的理想转化为实践支点。

李明的人生轨迹印证了这一规律。这位毕业于名校的管理学高材生，初入职场便展现出过人才能。得益于扎实的专业功底与敏锐的洞察力，他很快在同期新人中脱颖而出，不到五年便晋升为部门主管。这份顺遂的职场经历，既源于个人能力，也得益于当时相对宽松的竞争环境。

随着企业规模扩张，新晋人才如雨后春笋般涌现。当“90后”团队带着数字化思维进入管理层，当海归博士用前沿理论重构管理体系，时年45岁的李明逐渐感受到认知迭代的压力。传统管理经验与新兴理念的碰撞，使他在会议讨论中屡屡陷入被动。这种持续性的能力焦虑，最终促使他做出了职业生涯的重大转折——放弃百万年薪，投身创业浪潮。

转型初期，李明并未盲目追逐风口。经过系统梳理，他发现自己20年的职场经历本身就是独特资源：那些处理过的危机公关案例、培养下属的实战方法、跨部门协作的沟通技巧，构成了真实而立体的内容库。于是他以“职场解忧人”定位入驻视频平台，将企业培训场景转化为通俗易懂的短视频，针对考勤制度设计、新老员工矛盾等具体问题给出解决方案。这种聚焦痛点的务实风格，半年内便积累了50万精准粉丝。

市场的正向反馈带来良性循环。当咨询量突破日常处理能力时，李明组建了专业内容团队，将个人经验转化为标准化的知识产品。投资机构的青睐则推动其拓展企业培训业务，使自媒体账号成为展示专业能力的动态简历。这种“内容—流量—变现”的闭环构建，本质上正是源于初始定位的精准与内容的持续深耕。

这个案例揭示的规律具有普遍意义：在注意力稀缺的传播环境中，唯有真实可验证的内容才能建立持久信任。当创作者能够系统输出解决特定问题的知识体系时，受众的认同便会转化为持续增长的发展势能，这种正向循环正是内容创作最稳固的根基。

态度要真实诚恳

中年人做自媒体最大的挑战应该就是自我突破。很多中年人对自己的年纪过于介怀，认为40多岁还没有做出一番成就，反而要投入陌生的自媒体领域从头开始，实在有些难为情。正是由于难以战胜自己，所以很多人在做内容时束手束脚，生怕别人笑话，因而无法取得突破性进展。事实上，做自媒体重要的是要具备真实诚恳的态度，只需要真诚地分享自己的故事和经验，没必要因为外界的反应而患得患失、自我泄气。只有拥有了这种洒脱和自信，才能离成功越来越近。

做自媒体内容，不需要做得多么花哨，或者演得多么浮夸，关键是内容要能够打动人心，引起受众共鸣。一般来说，只有内容具有真实感，受众才会被带入语境，去感受自媒体人的故事和心情，产生长期关注的想法。由此可见，态度诚恳是做自媒体成功的一个先决条件。

柱子是个四十出头的河南庄稼汉，打小在黄土地里摸爬滚长。每天扛着锄头侍弄庄稼，裤腿上总沾着新翻的泥土，可他心里揣着个亮堂堂的念想——说唱和街舞。一有空就猫在村口老槐树下，踩着自创的舞步来段即兴表演。虽说动作像扭秧歌混搭机械舞，歌词带着浓重的豫剧腔调，常逗得看热闹的老少爷们直拍大腿，可柱子浑不在意："咱就图个实在，大伙乐呵了，我也痛快。"

去年开春刷短视频时，他猛然发现手机镜头能装下整个世界。把旱烟杆往腰带上一别，立马在玉米地里架起三脚架。今天录段"麦苗RAP"，明天整段"拖拉机DISCO"，七大姑八大姨都笑他魔怔："不正经种地净整这些花活儿！"柱子抹了把额头的汗珠子回嘴："等俺粉丝过万接广告，看谁还笑话！"

这两年庄稼收成薄，村里青壮年都往城里扎。过年回来探亲的栓子劝他："哥，在工地搬砖都比守着破手机强。"柱子蹲在门槛上划拉手机屏："你看这粉丝眼瞅着往5000蹿，昨儿还有个广东老板要买俺家红薯……"

如今他账号里不光有魔性舞蹈，还常操着河南普通话讲"孝顺爹娘十大好处""酗酒伤身三字经"。粉丝们就爱他这股实诚劲，直播间卖滞销萝卜都能被哄抢一空。十里八乡的农户现在见着他就递烟："柱子哥，啥时候帮俺家冬瓜带带货？"

要问这庄稼汉咋就红透了半边天？老铁们在弹幕里说得实在："看他跳舞像看自家二舅闹腾，听他唠嗑就像听邻家大哥扯闲篇。"

尊重平台规则

如今，自媒体平台内容丰富多样，各类作品层出不穷。此时，部分人可能会心生疑虑，觉得这个平台过于杂乱。实际上，各大平台都有其自身的规则，这些规则不会因个人审美而改变。所以，若你希望坚守自己的审美与品质，分享有深度的内容，就应做好自己。无论是内容选题还是形式，都要坚持初心，对平台保持"敬畏"态度。不同平台虽有不同规则，但存在一些共同点是你必须掌握的。只要做到以下几点，自媒体创业便成功了一半。

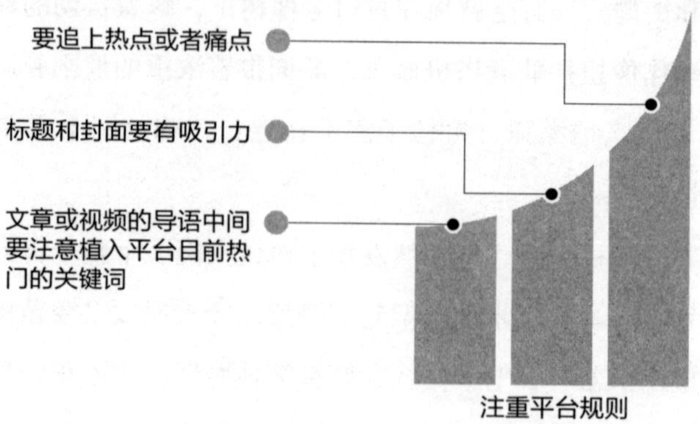

图6　中年人做自媒体应注重的平台规则

首先，在撰写文案或视频的导语时，要巧妙融入平台当下热门的关键词。如今，众多自媒体平台的内容分发机制大致相同：内容通过平台审核后，平台的系统会自动识别其中的关键词，进而将其归类到对应的标签下，再依据这些标签把内容推荐给相应的受众群体。初始推荐量或许为1000，若后续被较多人打开，推荐量可能增至一万；若一万人打开的情况也较为理想，推荐量便有可能提升至10万。所以，初始推荐量至关重要，发布内容时务必重视热门关键词的运用。

小张和小李是一对好朋友，经常一起玩耍。接触自媒体后，他们决定成为搭档，共同通过自媒体赚钱。两人约定合作拍摄视频，然后各自发布到不同平台，各赚各的钱。选定短视频软件后，他们便开始创作。

起初，两人的视频播放量都不高，也鲜有粉丝关注。然而，渐渐地，小张发现同样内容的视频，小李的播放量总是高于自己——起初只是略高，后来差距竟达数千，小张对此感到困惑。随着时间推移，小李的粉丝日益增多，收入也随之增加，小张开始着急，并向小李表达了自己的疑惑：“我们发一样的视频，为什么关注度却不同呢？”小李也感到困惑，他认真思考后突然问道：“小张，让我看看你的视频导语。”

原来，小张的视频导语非常简单，而小李则在每个视频导语中都巧妙地植入了热门关键词。再次发布视频时，小李特意叮嘱小张要写好视频导语。此后，小张的视频播放量果然显著提升。

这个故事告诉我们，热门关键词对于平台内容的推荐、用户的观看量、我们的人气乃至收入都有着重要影响。因此，在做自媒体时，我们必须重视关键词的选择和运用。通过合理利用关键词，我们可以提高内容的曝光度，吸引更多用户的关注，从而实现更高的收益。同时，这也提醒我们在创作内容时，要注重细节和策略，不断优化和改进，才能在竞争激烈的自媒体领域中脱颖而出。

其次，标题与封面需具备吸引力。在新闻或视频中，要注重引导用户进行评论和互动。当前，多数自媒体平台采用多次推荐机制，下一次的推荐量会依据前一次的推荐效果而定。若已获得1000次推荐，意味着文章会出现在1000个用户的页面上。而他们是否会继续点击阅读，关键在于文章标题和封面是否足够吸引人，以及内容是否契合其阅读需求。

那么，初始推荐量为1000时，阅读量、评论量以及读完率分别是多少呢？这些数据平台都会详细统计，并据此决定第二次推荐的数量。若统计效果良好，平台会认为该作品深受大众喜爱，进而增加推荐量，从而有机会打造出爆款内容。反之，若统计效果不佳，平台会判定内容不受欢迎，相应地减少推荐量。因此，我们要重视平台规则，不要过于执着审美，而应多去了解用户的普遍兴趣，如此才能获得更好的发展空间。

最后，要紧跟热点或痛点。热点与痛点皆是天然存在的。大流量池背后汇聚着庞大的读者群，他们阅读意愿强烈，因此针对推荐后的内容阅读效果更佳，爆款文章往往都是在追踪热点或痛点后诞生的。例如，有一篇文章聚焦某女星近期走红毯的照片热点，主体多为图片，单日阅读量便突破300万。这仅是单篇图文的成绩，若将其转化为短视频，又能赚取一份收益。又如某条短视频，紧扣前段时间某男星在综艺中的热点，仅在一个平台的播放量就超200万，预估收益约4000元。这数字着实惊人！对于将自媒体作为副业的中年人而言，无疑是个不小的惊喜。

所以，中年人无须为年龄担忧，也不必顾虑不会自媒体的各种花样排版与创意。到了40岁这个阶段，你拥有多数年轻人所欠缺的——丰富的人生经历和深刻的生活感悟。你应将这些视作宝贵财富，而非自我设限的借口。在做自媒体时，只需确保内容真实、有料，态度诚恳，同时遵守平台规则即可。要知道，你的目的是通过副业赚钱，而非塑造高大上的形象。

第 6 课

年轻人要增加收入，抓住三个要点

网络技术飞速发展，给生活带来便利的同时，也催生了新的赚钱商机。特别是近些年，自媒体平台不断完善更新，引得众多人心动不已。“90后”“00后”年轻人愈发渴望这种自由的赚钱方式，不愿被工作束缚，纷纷投身自媒体创业大军。然而，自媒体创业并非易事，既需个人努力，又要掌握正确方法，在正确的方向上深耕细作，方能成为优秀的自媒体创业者，实现自由赚钱的梦想。那么，自媒体创业具体有哪些操作要点呢？

内容制作多样化

内容制作乃自媒体创业的首要步骤。内容是网络用户认知你的桥梁，多样化的内容创作至关重要。其多样性主要体现在两方面：一是多元的选题，二是丰富的呈现样式。

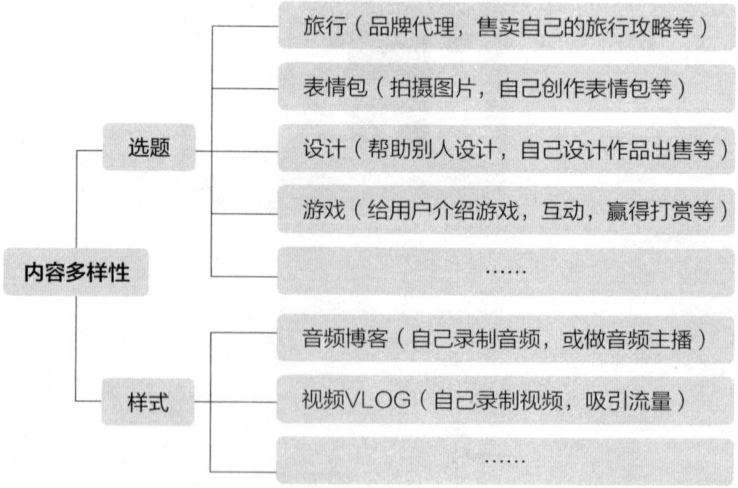

图7　内容选题的多样性

第一，丰富多彩的内容选题对于自媒体来说十分重要。适合自媒体的选题有很多，例如旅行、表情包、设计、游戏等。

旅行类选题，是许多旅行达人依据自己的喜好和审美，自由选择路线，满世界随心漫步的一种生活方式。他们将自己旅途中的所见所闻、所思所感，通过视频、图片以及攻略的形式呈现出来。而那些同样怀揣旅行梦想的人，便会在第一时间与这些内容发布者取得联系，与之畅聊，汲取经验，从而精心规划属于自己的旅游行程。如此一来，旅行达人便有了更多的商业机会，他们可以为品牌做代理，承接各类广告，甚至为有需求的旅行者提供定制化服务。

有些热爱旅行却又没时间或不愿花费精力去做攻略的人，干脆直接花钱购买旅行达人在自媒体上分享的经验，以此来避免在旅行途中浪费时间和金钱。

有一位名叫丸子的小姑娘，她性格活泼开朗，是国内一档旅游自媒体节目的特约达人。丸子对旅游有着深深的热爱，周游世界便是她生活与工作的主要部分。每天快乐地穿梭于世界各地，领略世间各种美好与新奇的事物，是她最为惬意的日常。她曾用332天的时间穿越中南美洲，仿佛一年四季都行走在路上。从古巴到墨西哥，她一路欣赏着沿途不同的景致，感受着各地独特的风俗人情。当然，旅途中也不乏惊险刺激的时刻。比如，她曾在旅途中路遇野兽，在哥伦比亚街头寻找100个陌生人一起唱歌，还在安第斯山脉徒步、泡温泉等。凭借着旅行经历，她做起了广告代理，过上了自己理想中的生活。

丸子能在自媒体领域创业成功，选题正确是关键因素之一。她热爱旅游，善于捕捉旅途中的精彩瞬间，并将其展示给大家，从而吸引了众多旅行者和商家的关注。

表情包在各类社交平台上的活跃和广泛应用，已然形成了一种颇为流行的文化现象。若想在表情包创作领域有所发展，不妨尝试自己制作一些表情包并上传到社交平台。一旦有人喜欢，就会下载使用，还可能会给你打赏和点赞。制作表情包的方法多种多样，最简单的方式就是拍摄照片或者视频，再添加一些文字或动漫元素。例如想制作一组猫咪表情包，就需留意猫咪的表情变化，将每一种表情都拍摄下来并配上文字，这样一组简单的表情包便大功告成。倘若你有一定的绘画功底，或者能够熟练运用图像处理软件，还可以自行创作表情包拿去售卖。此外，为客户定制表情包也是一个不错的选择，只需按照客户的要求进行创作即可。很多时候，一个表情包就能轻松输出语言难以表述的事情，同时也让沟通变得更具趣味性。

有一次，甜甜与朋友网聊时，因一件小事起了争执，甜甜有些生气。聊天结束时，朋友没多说，只发来一个“牛”的表情包：那头牛眼皮耷拉着，嘴里吐着泡泡说“本宝宝很委屈”。这个表情包仿佛有神奇魔力，甜甜看到后，气消了大半。她细想后，觉得自己也有不妥之处，便与朋友和好如初，不愉快也随之消散。

表情包以其幽默生动的特质，在情感表达上独具优势，其呈现方式往往更为贴切。就像故事中的甜甜和朋友因一个表情包而重归于好，这充分表明，发送表情包是沟通的巧妙手段，将其作为内容选题也颇具新意。

设计领域同样蕴含着赚钱机遇。你可以将个人的设计作品放在网络平台上进行推广售卖，或者出售自己的设计服务时间，帮别人做设计。比如，一些品牌商要推广产品，就需要出彩的品牌标识和整体设计。当他们缺乏设计能力或时间时，就会选择请人代劳或直接购买设计。若你的设计作品足够吸睛，就很可能获得合作机会，从而赚取收入。

游戏也是深受年轻人喜爱的挣钱途径。你可以向粉丝介绍自己钟爱的游戏，通过良好互动吸引粉丝打赏；还能制作各类游戏教程，传授打游戏技巧和提升段位的方法。如今，游戏主播已成为电竞行业生态链的重要一环，游戏厂商推荐游戏时常需借助主播之力。此外，部分游戏主播会在直播中售卖零食、周边产品等，进一步丰富了这一生态链。

第二，不同的内容形式能带来各异的视觉体验。在诸多内容样式中，音频播客和视频VLOG堪称佼佼者。

音频播客于大众而言并不生疏，其历史可追溯至往昔。从早年收听收音机广播、电台主播的播报，到后来在公交车、商场、私家车等场所使用音频设备收听，它早已融入人们的生活。如今身处新媒体时代，各类网络平台如雨后春笋般大量涌现，平台主播也备受青睐。在此大趋势与便利条件下，你足不出户，仅用手机或其他录音设备录制自己的声音，上传至心仪的网络平台，甚至社交账号，便能吸引众多粉丝与商家。

视频VLOG更是几乎渗透进每个人的生活。街头巷尾，常有人手持手机自拍，还有人为了提升拍摄效果，配备自拍杆、美颜设备等。尽管多数拍摄者只是将视频作为生活纪念，但它确实是一种可行的赚钱途径。你可以记录日常生活片段，或精心构思故事进行拍摄，然后上传到自媒体平台与用户分享。凭借趣味、知识或生活化的视频内容，博得粉丝关注、点赞乃至打赏。

小林曾经只是一名普通的工人，他热爱跳舞且勤加练习，虽未受专业指导，舞技却也颇为出色。他每日按部就班地上下班，闲暇时便为工友舞上一段。一次偶然的机会，他接触到某短视频软件，出于好奇上传了自己的跳舞视频。令他意想不到的是，该视频获得众多点赞，评论区还有人鼓励他，这让小林满心欢喜。此后，他一有空闲便拍摄跳舞视频并发布，逐渐积累了大量粉丝，不仅收获诸多关注与打赏，作品还频频登上热门。后来，一些商家找上门来，邀请他做代理推销产品。就这样，小林成功转型，开启了自媒体创业之路。

视频以动感镜头展现生活，视觉冲击力更强，也更为直观。人们常言，看得见、摸得着的东西最真实，而视频恰好满足了“看得见”的真实感需求。所以，录制视频这一创作形式应是自媒体创业的优选。

引流样式花样多

音频或视频录制完成后，若想将其变现，营销是必修课。古人云“酒香不怕巷子深”，但在当下，即便作品再出色，不宣传包装也难获关注。因此，不能被动等待，而要主动出击，即做好发行引流工作。

发行引流需多管齐下。首先得了解各类流行平台，掌握其内容与流量特点，进而筛选出契合自身作品的平台。正所谓“广撒网才能多捕鱼”，要多平台分发作品，一般至少选择两三个平台。发布后还需用心经营，比如给粉丝答疑、回复评论等。

通常，不同平台会给予不同推荐。若作品是教程类，会得到教程类平台或渠道的支持；若是娱乐类，则有相应娱乐类支持。总之，各平台流量不同且能相互引流，所以在作品发行时要多些花样，如此获得推荐的机会才会更大，从而为作品变现创造更多可能。

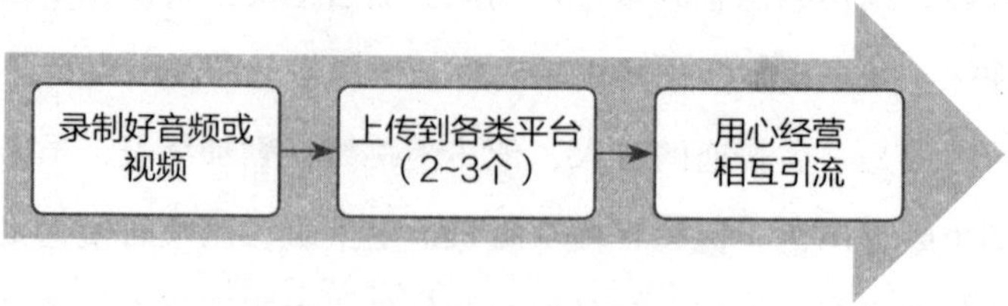

图8　发行引流步骤

运营变现要多样

在当今数字化浪潮中，自媒体的运营变现方式呈现出多样化的特点，主要涵盖广告收入、代理收入、平台分成、内容采买、网络咨询以及部分实业经营等类型。

先来说说广告收入。这种方式相对来说较为简单。当自媒体人在某个平台上积累了足够庞大的粉丝群体时，就会吸引众多厂商前来投放广告。此时，自媒体人便可将广告巧妙地植入自己的音频或视频内容中，展示给关注自己的粉丝。通过这样的方式，能够有效增加厂商的产品销量，进而为自媒体人带来相应的服务酬劳。需要特别指出的是，广告投放有硬广和软广之

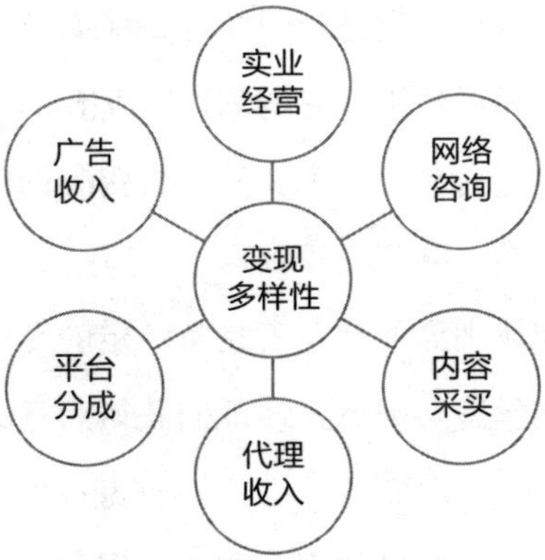

图9　运营变现的多重手段

分。硬广是直接对商品或服务进行推销，属于传统的灌输式广告形式。尽管它能快速被大众所记住，但其浓厚的商业气息可能会在一定程度上影响粉丝的喜爱度。毕竟，在自媒体平台上，粉丝就如同创业者的衣食父母，一切运营都应以他们的喜好为导向。所以，创业者应当优先选择更受粉丝欢迎的软广形式。只有当所接广告与自身作品实现更为有效的结合，具有较强的代入感，粉丝才会更愿意给予支持，购买推荐的产品或服务，从而为创业者带来可观的经济效益。

代理收入则是为某个产品品牌担任代理。创业者借助网络平台，凭借自身的人气来销售产品，进而获得利润分成或者直接的利润收入。如今，各类商家愈发重视自媒体平台的销售潜力，纷纷推出了各种对代理有利的政策。在选择合作项目时，创业者需要进行综合分析，考量自己的粉丝群体对哪种商品或服务更为青睐，以及哪种代理模式能够带来更大的利润空间，然后再有针对性地运营好该领域，以此达到事半功倍的效果。

平台分成也是一种常见的变现方式。具体而言，就是选择与一些平台展开合作。平台为创作者提供发布作品的空间，创作者则负责精心策划和制作自己的作品。当作品在平台上获得良好的播放量时，平台会根据相关规则给予创作者相应的分成。这种变现途径同样是一种不错的赚钱渠道。

内容采买的主动性相对较强。它与软广有所不同，不需要按照客户的要求去发布广告。创作者自行制作内容，然后将内容的版权授权给某些平台，供其进行版权销售，从而获取相应的收入。

网络咨询师这一职业则需要从业者具备一定的专业素养。在自己所擅长的领域内，为用户或粉丝答疑解惑，使他们获得满意的指导，进而获得相应的打赏或者报酬。

经营部分实业也是较为常见的变现方法。许多主播会在线下开设实体店铺，然后通过自媒体平台为自己的店铺引流。通常情况下，喜欢某位主播的粉丝与主播的喜好往往较为相似，甚至会出现“爱屋及乌”的现象。例如，某主播在直播过程中推荐一款食物，粉丝们很可能会在线上购买，这无疑会增加该主播店铺的收入。

掌握上述这些要点后，一条清晰的创业道路便呈现在眼前。只要在这几点上用心钻研，做到内容新颖独特、样式多样有趣，并且选择合适的变现方式，成为一名优秀的自媒体创业者并非难事。

自媒体创业看似门槛较低，其实则是一项需要用心经营的职业。与传统意义上的职业相比，它在形式上虽有不同，但同样需要付出努力和心血。相对而言，自媒体这一新型职业具有更为广阔的发展前景。只要你肯用心钻研、不懈努力，不断探索精进，未来将充满无限可能。

总之，对于那些不安于现状、怀揣赚钱梦想的年轻人来说，若想寻找相对自由的职业或是调剂生活的副业，不妨尝试自媒体创业。深入了解自媒体平台，探寻适合自己的赚钱方式，用自己的时间和创意去换取收入，努力成为一名优秀的创业者。

第 7 课

副业赚钱的逻辑

经常有人在涉足自媒体一段时间后，产生这样的疑问："自媒体真的能赚到钱吗？"当他得到肯定的答复后，困惑却更甚："为何别人能盈利，我却不行？我每日披星戴月，辛勤创作，撰写文章、拍摄视频、剪辑素材，忙得不可开交，为何就是不见收益？"答案其实很简单：自媒体未能带来收入，往往是因为付出了太多无效努力。

做自媒体，并非仅凭一腔热血或持续的努力就能成功。它要求你掌握赚钱的逻辑。这意味着，你得先对自媒体行业有清晰的认识，理解其生态和变现机制，再结合自身实际，寻找适合自己的盈利之道。

自媒体圈的生态

自媒体圈存在头部、腰部和尾部三种生态，契合二八法则，20%的头部玩家赚走80%收益，其余腰部、尾部玩家仅分得20%。不过，这一生态并非一成不变。时代在变迁，平台不断涌现，行业持续洗牌。只要操作得法，腰部、尾部玩家也有逆袭成头部的可能。那么，这三种生态的玩家各自有着怎样的赚钱逻辑呢？

1. 头部玩家

头部玩家不仅需要拥有自己独特的经营方式，还需与平台维护良好的关系，积极捕捉广告机会等，这背后离不开强大的工作团队和巨大的精力投入。

有一家网络公司，其创始者是六位高中同学。大学毕业那年，这六位同学将目光聚焦在了豆瓣平台上。他们经过调研发现，当时豆瓣上受关注最多

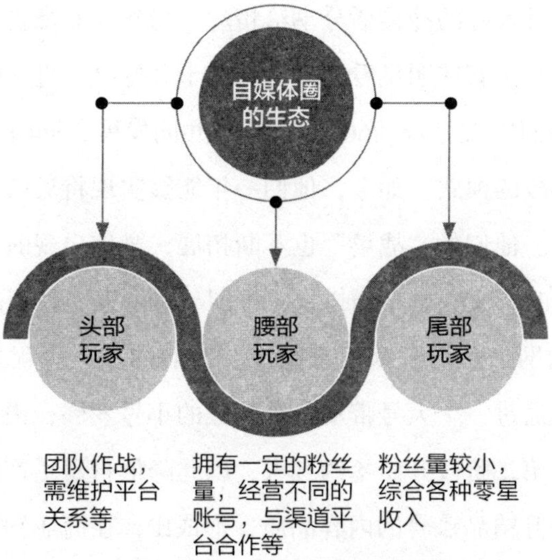

图10　自媒体圈三种生态玩家及其赚钱逻辑

的是电影、音乐、读书以及明星八卦等内容。他们敏锐地意识到，围绕这些内容开展业务应该会有不错的前景，于是迅速组成小组，集中精力打造相关内容，成功吸引了大量粉丝。

2008年春节期间，他们终于迎来了转机，迎来了豆瓣上的广告商，可以将广告投放到豆瓣小组中赚钱了。然而，事与愿违，豆瓣对广告的限制极为严格，在春节当晚，他们接广告的所有小组全部被关闭，之前的所有努力瞬间化为泡影。

2009年，微博刚刚兴起，被逼无奈的他们果断转投微博，并将大量粉丝一并带了过去，由此诞生了中国第一个团队化作战的自媒体集团。

在微博上，他们敏锐地察觉到一个需求：很多人对微博充满新鲜感，热衷于使用微博，但除了微博上的明星之外，缺乏其他可供消遣的内容。于是，他们决定制作一些用户喜欢看或者听的内容。

大家很快洞察到当时微博内容中冷笑话领域的空白，便注册了一个账号，精心挑选各种各样的冷笑话分享给粉丝。粉丝们非常喜欢这些冷笑话，纷纷进行转发，甚至有些明星看到后也觉得十分好笑，进而转发给他人。在这种形势下，他们以大号带动600多个小号共同发展，同时不断招聘员工，形成了集团化作战的模式。如今，他们一年能够实现将近两个亿的营收，并且还在持续增长。他们的"战场"也不断拓展，微信出现时，他们迅速转战微信；抖音兴起时，又立刻布局抖音，可谓与时俱进、收获满满。

类似这样的网络公司玩家还有很多。他们的发展历程通常分为几个阶段：第一阶段是通过一个大号带动各个领域的小号发展，内容偏草根风格，能够广泛传播；第二阶段开始签约红人，以此降低自身生产内容的成本；第三阶段则着力提升精品账号的内容品质，形成IP，在商业领域不断扩张，最终成为自媒体头部玩家。

2. 腰部玩家

腰部玩家相对轻松，无须费力经营团队或与平台构建紧密关系。他们通常是粉丝量在十几万至二十多万的大号，专注于内容创作，运营多个账号，并与渠道平台及营销公司合作以获取收益。

有位自媒体人，自称某地知名教师，常在网络上分享学校课堂趣事。后来，他又涉足幽默搞笑领域。由于他的内容贴近学生生活，很快吸引了大量粉丝，约20万至30万。然而，他并未因此感到开心，因为尽管粉丝众多，但平台收益却寥寥无几。

他向朋友诉苦后，朋友指出，他必须了解自媒体的盈利模式。在朋友的介绍下，他接触到了一些客户，并结合自己原有的小客户资源，逐渐学会了经营客户关系和开发客户需求。最终，他成为一个拥有625万粉丝的大号，并成立了自己的文化创意公司，设有专业的策划和市场部门来推动业务发展，收益前景一片光明。

因此，腰部玩家应明确自己的赚钱渠道，用心经营，同时不断发掘平台商机。一旦遇到合适机会，便全力以赴，争取跻身头部玩家行列。这样，收入自然会水涨船高，利用副业赚大钱的梦想也将更容易实现。

3. 尾部玩家

尾部玩家是相对轻松的玩家群体，粉丝数量不多，无须耗费大量精力经营，只需用心维护这少量粉丝即可。当然，他们的收入较为零散，但综合费用足以支撑其将这份副业持续下去。

小洛是一位旅游达人，在旅游的同时经营自媒体赚取收入。他构建了账号矩阵，在微博、微信以及马蜂窝、携程等各大旅行平台均有账号。他主要通过接受景点、旅行平台或各地旅游局的有偿旅游邀请来开展工作。在旅游过程中，他创作各类图片和文字攻略，发布到账号矩阵上，供用户寻求帮助。

当有人想去他介绍的旅行目的地旅游却没时间做攻略时，就会观看他的攻略并成为他的粉丝。随着粉丝增多，小洛人气渐旺，各地旅游局、景点和旅行营销公司又会因他粉丝增长而再次发出邀请。于是，他重新经营微信个人账号，吸引新粉丝。

小洛通过微信个人账号为咨询问题的粉丝提供旅行定制服务，粉丝需支付两种费用：一是路线策划费，二是当地酒店和导游预定的服务费。后来，他做得越发成熟，经验愈发丰富，便在上海和广州各租两套房子做成民宿，通过爱彼迎和途家短期出租，也赚了不少钱。而且，他去这两个地方参加旅行达人聚会或出席活动时，还能省去住房费用。这些收入加起来颇为可观，足以让他过上理想生活。

小洛的故事让一些尾部玩家看到了赚钱的希望。它告诉我们，无论处于自媒体生态圈的哪个层次，只要有自己的赚钱逻辑并坚持努力，就不难赚到钱。

自媒体盈利的三种模式

正如前文所述，部分人虽积累了众多粉丝，却对如何盈利感到茫然。那么，如何深入理解自媒体的盈利模式呢？具体而言，大多数自媒体的盈利模式可归纳为三种：平台广告费、自营广告与粉丝变现。

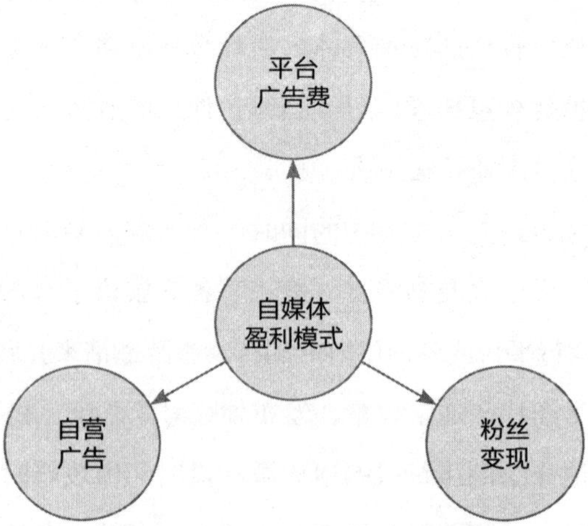

图11　自媒体盈利的三种模式

1. 平台广告费

平台广告盈利模式是当前市场上多数腰部自媒体玩家的主要收入来源。其形式包括广告分成、商品销售及佣金分成等。各平台规则各异，有的平台依据作品点击量给予奖励；有的则提供“商品橱窗”，允许作品中接入商品链接，一旦销售成交，平台便进行分成。无论在哪个平台运营，都需遵循其规则以实现盈利。

2. 自营广告

自营广告通常是自媒体营销的核心方式。其合作来源主要有三：商家直投、渠道平台及广告公司投放。在新媒体领域，多数业务由全案营销公司承接，并分发至腰部、尾部自媒体。若你具备与商家谈判的能力，并能为其提供创意与策划，便可建立自己的资源库，从小单开始逐步签约，随着业务扩大，收入也会趋于稳定。

3. 粉丝变现

粉丝变现即通过粉丝群体实现盈利，是一种较为综合的盈利模式。例如，你可以将吸引来的粉丝及核心粉丝聚集至微信群，观察他们在群内的行为与需求，进而销售相应产品。此外，你还可以销售自己生活经验的课程，或者将粉丝转化为商家活动的参与者，并向商家收取费用。这种盈利方式既直接又高效，能够充分利用粉丝资源，实现价值最大化。

小杨是一位运动爱好者，无论是室内健身还是户外徒步，只要与运动相关，他都有所涉猎。他将自己的自媒体账号命名为“健身小达人”，每天在各大短视频平台上发布运动视频，还在直播间分享健身技巧和心得，以自己的形象向广大网络用户传播阳光积极的正能量。他的视频吸引了成千上万的运动爱好者，粉丝不仅流量大，黏性也高，无论他在什么时间直播，直播间总是爆满。

起初，小杨的收入主要来自粉丝的打赏。每逢直播，粉丝们会向他咨询各种问题，比如登山鞋哪个牌子好，徒步需要准备哪些东西等。小杨对粉丝们提出的问题一一回复，并推荐优质的商品。这样，粉丝们购买到满意的商品后，会觉得对自己很有帮助，从而点赞打赏小杨。

后来，小杨的朋友给他提议说：“你现在粉丝流量这么大，如果利用粉丝变现来盈利，收益肯定非常可观。”小杨认真地想了想说：“这的确是个好主意。与其推荐粉丝去买某款商品，不如我先替他们选好商品，然后再一一推荐给他们。这样不仅对粉丝好，同时我还能赚到更多的钱。”

从那以后，小杨的生活中又多了一项重要任务，那就是为粉丝们选品。他不断与商家对接，在保证质量的前提下，尽量给粉丝们争取最优惠的价格。粉丝们的购买需求得到了满足，小杨也获得了相应的利润分成，真正实现了粉丝变现。

因此，做自媒体不要害怕借助粉丝的力量。你辛辛苦苦做自媒体，努力积攒粉丝是为了什么呢？不就是为了变现吗？这是一个不可否认的事实。关键在于，你如何用粉丝变现来赚钱，同时又不掉粉，甚至吸引来越来越多的粉丝，这也是你需要不断去研究的问题。

深入了解自媒体圈的生态和盈利模式之后，你就会发现自媒体赚钱有它自己的逻辑。你只要按照这个逻辑一步步走，不断深耕，最后就能赚到钱。至于具体如何去做，那就要随心而为。如果你想成为头部玩家，付出较多的精力，得到更多的收益，就要发展团队作战精神，更加用心、深刻地运营；如果你只是想追求自己想要的安逸生活，做尾部玩家也未尝不可。

总之，经营自媒体是能赚到钱的，关键是要看你想赚多少，又付出了多大的努力，有没有彻底掌握其赚钱逻辑。

• 第 8 课 •

抖音、头条、微博怎么赚钱

现今，自媒体踏入算法驱动时代，相关平台不断涌现。虽然各平台多以视频、图文展现内容，却各有规则，盈利方式差异显著。下面，我们不妨以头条、抖音、微博为例，来具体探讨一番。

头条

头条作为一个通用信息平台，为创作者提供了多样化的收益途径，主要有广告分成、签约作者、接广告、头条电商以及一些零碎场景这五种。

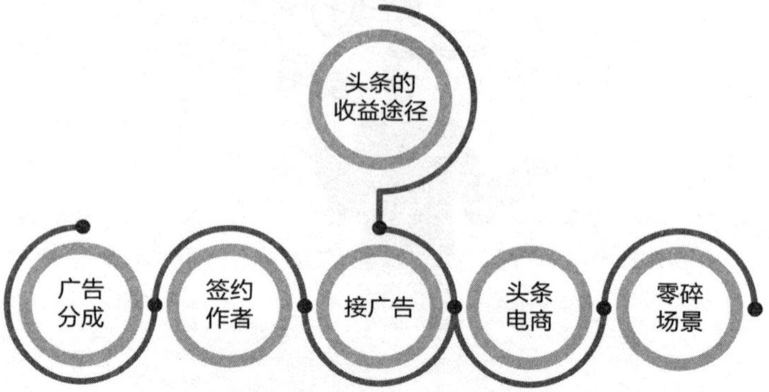

图12　头条的赚钱场景

一是广告分成。这是头条最为常见的盈利方式。平台会依据文末广告的曝光量来计算创作者的收入。一般来说，原创作者相较于非原创者，单个内容的广告收入会更高，而且不同作者之间的收入也存在差异。

二是签约作者。当作者与平台签订合约后，平台便拥有了作者作品的电子版权，随后会对作品进行宣传推广。若作品成功上架，平台就会给予作者相应的收入。需要注意的是，不同等级的签约作者，其收入水平也不尽相同。

三是接广告。在头条上，微头条和头条都有广告推广服务，不同账号的报价各有差别。通常情况下，内容质量高的账号，其接广告的报价会相对高一些；而内容质量较低的账号，报价则会低一些，可见内容质量对报价有着重要影响。

四是头条电商。在头条平台上，时常会有京东和淘宝的商品推广售卖，头条会从中收取佣金。如此一来，优质的作者便能获得较为可观的收入。

五是一些零碎的收益场景。这部分收入取决于平台的运营规则和运营活动。例如“礼遇计划”，创作者有可能获得两万、一万或3000元不等的收入，具体数额则根据作品的质量优劣来确定。

抖音

在当今数字化的时代，抖音作为自媒体领域的佼佼者，已然成为众多创作者展示自我、实现价值的重要平台。其蕴含的收益场景丰富多样，大致可归纳为接广告、娱乐类账号变现、电商变现、开通抖音小店、分销以及卖视频这六个主要方面。

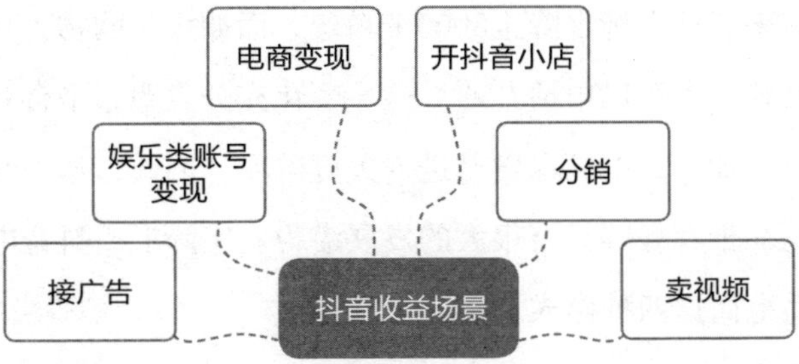

图13　抖音收益场景

1. 接广告：内容与粉丝价值的体现

接广告在抖音平台极为常见，是创作者凭借自身影响力获取收益的重要方式之一。广告商通常会巧妙地将相关产品植入视频内容之中，而广告价格的高低则取决于创作者的内容质量优劣以及粉丝的活跃度。一般而言，垂直类的账号往往更具吸引力，尤其是那些知名度颇高的账号，更容易吸引大型广告商的青睐。需要特别提醒的是，在抖音上承接广告务必遵循星图计划，否则极有可能面临被官方封号的风险。

2. 娱乐类账号变现：巧妙的广告植入艺术

娱乐类账号变现是一种颇具趣味的盈利模式。在这类账号中，广告植入往往需要精心设计巧妙的剧本。用户在观看视频之初，可能仅仅以为这是一条普通的视频内容，然而在观看结束后，才会恍然大悟，原来其中暗藏玄机，是一则别出心裁的广告。这种独特的广告手法常常能让观众对创作者的创意赞不绝口。在抖音平台上，创作者还可以参与PK内推计划。当自身粉丝数量较少时，若能与抖音运营商建立良好的合作关系，那么在平台有广告需求时，运营商便有可能考虑到你；当然，创作者也可以通过自我推荐的方式，为自己争取更多的合作机会。

3. 电商变现：探索中的多元模式

抖音平台在电商变现领域不断进行着积极的探索，购物车的开通标准也在逐步放宽。起初，只有粉丝量达到100万以上的账号才有资格申请开通购物车功能；后来，这一标准降至8000个粉丝；而如今，购物车功能已完全开放，即便没有粉丝也可以申请开通。这一变化充分表明，平台对于商品销售的重视程度日益加深，电商探索已进入关键阶段。因此，从一开始就着手打造种草号、商品推荐号等具有很大的发展潜力。实际上，抖音电商主要有淘宝电商和直播电商这两种模式。

在抖音橱窗功能推出之前，许多创作者会将购物车中的商品直接链接到淘宝店铺。在发布视频时，通过链接引导用户前往淘宝购买商品，这对于拥有淘宝店的创作者来说十分便捷。此外，抖音直播也是电商变现的重要途径之一。直播过程中，观众可以通过打赏的方式为主播送礼物，而抖音上的音浪可以按照10：1的比例兑换成现金，创作者可在“我的钱包”中完成兑换操作。

4. 开通抖音小店：内容创作与变现的全流程

抖音小店与淘宝店铺类似，商家在开通小店后，能够自行在店内上架各类商品，不过这些商品需要经过平台的审核。目前，抖音小店所售商品既可以是实体商品，也可以是虚拟商品。对于那些没有淘宝店但拥有自己货源的创作者而言，开通抖音小店无疑是一个实现内容创作与变现全流程的理想选择。

然而，需要注意的是，根据国家新电商法规的规定，开通个人电商店铺同样需要像实体店一样办理营业执照，并依法为买家开具发票。以张兰为例，她作为一名新手自媒体人，注册抖音账号后，凭借自己家政达人的身份，开始分享整理家务的日常视频。随着时间的推移，她发现粉丝对她家中的好物颇为关注，经常私信询问购买渠道。于是，她萌生了通过销售生活好物赚钱的想法，并果断开通了抖音小店，上架各种日常生活用品。由于她的粉丝大多是热爱家庭整理的人群，对她小店的商品十分喜爱，常常在她推荐后便迅速购买。

经营抖音小店看似简单，实则不然。其简单的一面在于，只要创作者拥有一定数量的粉丝和稳定的货源，就可以顺利开通小店。但复杂的是，并非所有人都能轻松取得成功。经营小店需要用心考虑粉丝的类型和喜好来选品，还要积极与粉丝互动，时刻为粉丝着想。因此，若想在抖音小店中赚取可观的收入，就必须做好充分的准备，避免半途而废。

5. 分销：无店无货源者的新选择

对于既没有店铺也没有货源的自媒体人来说，分销无疑是一种不错的赚钱方式。只要开通了商品分享功能，创作者就可以利用福利社这个功能，挑选自己想要分销的商品。在抖音平台上，一些图书教育领域的商家提供的分销佣金大多在30%~50%之间，他们涵盖了心理、情感、育儿、财经等多个领域，提供丰富的图书或课程供创作者去分销。

6. 卖视频：创意与收益的结合

卖视频也是一种颇具潜力的赚钱途径。有些营销公司在承接全案后，为了宣传客户的产品或服务，会邀请众多达人拍摄视频。无论创作者的粉丝数量多少，只要能够按照客户的要求完成视频拍摄，就可以获得相应的报酬。一般来说，拍摄一条短视频上传后，创作者可获得几十元到几百元不等的收入。例如，抖音上经常会有挑战赛活动。一些商家为了进行宣传推广，会发起主题挑战赛。创作者只需围绕挑战赛的话题分享自己拍摄的视频，如果视频的流量较好，主办方就会给予一定的奖金。

李晓就是一个生动的例子。他性格幽默，生活中充满奇思妙想。在关注抖音平台后，他被挑战赛板块深深吸引。为了在这个领域有所建树，他在背后付出了诸多努力。他深入研究抖音用户群体的特点，了解到用户群体相对年轻，喜欢符合大多数年轻人口味的视频内容；同时，人们普遍抵触粗暴的硬广形式，所以在植入广告时要更好地与作品内容相契合。经过充分的准备，当有一个商家找他拍摄视频时，他认真策划，精心构思情节，还制作了相关道具。在朋友们的帮助下，他顺利完成了视频的拍摄和剪辑。最终，商家对他的作品非常满意，决定购买他的视频。这次经历让李晓尝到了甜头，也进一步激发了他卖视频的热情。他坚信，只要自己用心揣摩、认真去做，就一定能持续产出优质的视频作品。

从李晓的故事中我们可以清晰地看到，抖音平台上蕴含着众多的赚钱门路，关键在于创作者是否具备独特的创意和想法，是否愿意付出努力去实践。只要有才能、有想法，用心拍视频就有可能成为稳定的收入来源。在这个充满活力和机遇的平台上，每个人都有机会通过自己的努力实现财富自由和自我价值。

微博

有人认为微博是传统的媒体平台，不应该出现在算法平台的行列中。然而，近年来微博经历了显著的变化，其首页新增了热门功能，吸引大量用户养成了浏览热门内容的习惯。鉴于热门内容的算法与今日头条等平台相似，微博也可被视作一个算法驱动的平台。那么，微博的盈利模式有哪些呢？

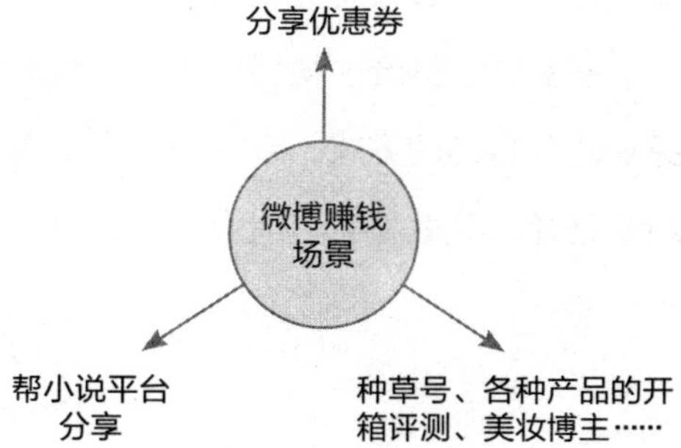

图14　微博赚钱场景

第一，分享优惠券是一种常见的方式。像淘宝、京东这样的电商平台会将优惠券分发给合作伙伴。当有人通过你的链接购买商品时，你就能获得一定的佣金。这种方式因其简单直接而深受大众欢迎，同样适用于微博平台。

第二，帮助小说平台进行推广也是一种赚钱途径。这通常需要团队协作，通过分享小说的精彩片段吸引读者兴趣，引导他们关注小说平台的账号并付费阅读后续章节。这样，推广者就能从中获利。

第三，在微博上运营种草号、产品评测或美妆博客也是可行的选择。关键在于能否抓住热门话题，吸引用户的注意力并促使他们下单购买。一旦成功，便能获得相应的收益。

以王进为例，他是一位在微博上活跃的营养师，拥有多年营养教育经验和社会影响力。他主要通过发布与营养相关的专业知识来经营自己的社交媒体账号，并创建了一个营养超级话题，不断输出高质量的内容。他还鼓励学生在分享内容时带上这个超级话题标签，从而吸引更多新粉丝。此外，每次发布新内容时，他都会邀请相关领域的人士关注，利用社交网络的力量扩大影响力。由于他的专业背景和优质内容，很快就积累了大量的忠实粉丝，成为营养教育领域的知名大V。随着声望的提升，他被邀请参加各种社会活动，如招生宣讲、营养讲座等，获得了可观的收入。

王进的例子说明，在微博上从事自媒体工作同样能够实现盈利，关键在于如何有效运营。如果你在某个领域有专长或独到见解，就可以将其转化为微博上的赚钱机会。了解头条、抖音、微博等不同平台的赚钱规则后，你可以根据自身条件选择最适合自己的方式，专注于一个平台或领域深入研究，往往更容易找到成功的路径。分散精力可能会导致效果不佳，因此专注才是关键。

第 9 课

找到适合自己的赚钱平台

一个人若想在自媒体平台上找到自身闪光点并将其变现，关键在于选对适合自己的运营平台。自媒体的盈利平台分为内容驱动型，像微信、博客，以及合作驱动型，比如直播。有人扎根微信平台，月入过万；有人把播客当副业，做得有声有色；还有人在直播平台收获上千万粉丝。他们的成功印证了：抓住互联网自媒体时代的机遇，就能在这类平台上发挥优势。那如何找准适合自己的赚钱平台呢？通常，人们在这些平台会通过广告、知识、IP内容变现或内容电商来盈利。

广告变现的方式

在当今数字化的时代，内容驱动平台蓬勃发展，其中微信平台凭借其庞大的用户群体和丰富的功能，蕴含着众多赚钱的契机。在这些赚钱场景和模式中，广告变现无疑是最为常见且易于操作的方式之一。

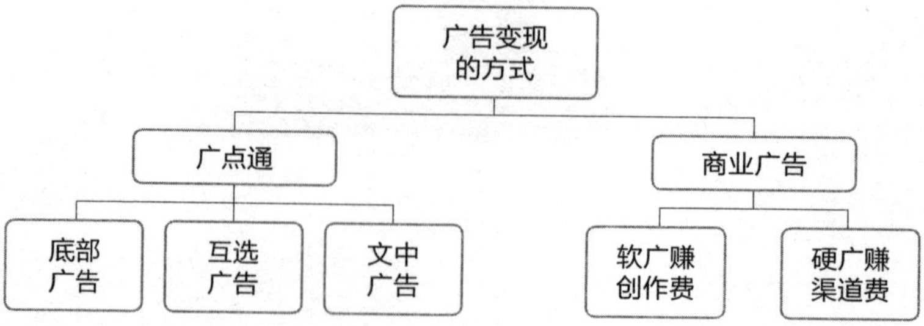

图15　广告变现的方式

随着互联网技术的不断迭代升级，微信平台在广告投放方面也愈发便捷高效。以往，人们若想在微信上进行广告推广，往往需要自己去辛苦洽谈客户，还要为广告精心设置展示位置，过程繁琐且耗费精力。然而，如今的微信平台拥有了能够开通流量主的强大功能，这一功能被形象地称为广点通。除此之外，通过商业广告变现也是一条重要途径。

广点通具体是指平台公众号末尾设有推广广告的公众号主体，这类主体被称为流量主。而当有品牌方或厂家希望通过公众号来推广自身产品时，他们便被称作广告主。可以说，通过流量主变现已然成为微信公众号较为普遍的一种盈利模式。不过，要实现这种变现方式，前提是流量主和广告主的微信公众号在平台上需相互开通权限。流量主的收益是根据广告在公众号平台的点击次数来进行计费的。按照最新的微信官方规定，只要公众账号的粉丝数量超过500，就可以申请开通流量主。如此一来，利用广点通这一功能来实现变现似乎并非难事。

当成功成为流量主后，接下来的关键就在于准确选择投放广告的方式了。投放广告的目的是要在不浪费资源的前提下，尽可能提高用户对广告的点击量。目前，广告的投放模式主要有三个位置，分别是底部广告、互选广告和文中广告。

先说底部广告。在开通流量主之后，文章底部会自带由微信社交平台分配的广告参与及流量分成。流量主可以通过图片、图文等多样化的方式展示这些广告。当用户浏览完文章内容后，便能在末尾看到植入的广告。每当有粉丝点击该广告，流量主就会有相应的收入。当然，要想让粉丝主动点击广告并非易事，这需要一定的技巧。有的流量主会巧妙地运用一段引导语，诚恳地请粉丝帮忙点击；有的则会制作生动有趣的GIF动图或GIF表情包与粉丝进行互动，以此吸引粉丝的注意力，从而促使他们点击广告。

例如，在苏州有一位热爱写作的小伙子，他的文章写得十分出色，在网络上颇受欢迎，网友们都很喜欢阅读他的作品。一次偶然的机缘巧合，他发现原来在微信上开通流量主还能赚钱。于是，他果断申请了公众号，并在上面发布各类文章，内容涵盖了美食、服饰以及美妆等多个领域。没过多久，他的文章就吸引了上万粉丝的关注。一家颇具眼光的广告公司看中了这个小伙子的潜力，主动联系他，打算通过底部广告的方式来推广他们的产品。双方很快达成了共识，随后小伙子在自己所发文章的末尾添加了广告。令人惊喜的是，该广告的点击率高达10万+。再加上微信公众号每天允许推送八篇文章，这样一来，他文章的总浏览量轻松达到了几十万。平均算下来，他每一篇文章的收益大约在1000元左右。

接下来谈谈互选广告。互选广告是广告主与流量主通过微信广告平台进行双向互选，自由达成广告合作的一种开放模式。在这种模式下，流量主需要给出具体的报价，并承诺在规定时间内完成相应的工作量，而广告主则会根据实际需求和情况来决定是否投放广告。当广告主确定投放广告后，流量主会在文章末尾展现广告创意，并且该广告会成为文章的内容长期保留下来。这种模式的计费方式主要以CPM（每千次展示成本）为主，不过还会采用KPI（关键绩效指标法）的捆绑方式。至于具体采取何种收费方式，则需要流量主与广告主进一步协商确定。

最后再来看文中广告。文中广告是指流量主可以自由设置文章内容，自由安排广告在文章中的位置。这种安排方式相对比较随意，呈现出的形式也丰富多彩。一般来说，流量主通常会通过公众号推广、软件下载、品牌活动推广、卡券推广以及电商推广等方式来展现广告内容。然而，这种方式也存在一定风险，容易引发粉丝的反感，除非流量主与粉丝之间的亲密度非常高。毕竟，粉丝们最希望看到的是纯粹的文章内容，一旦加入广告，即便原本的文章再优美，整体观感也会大打折扣，会让粉丝觉得文章变质了。

至此，关于广告变现的广点通相关内容已介绍完毕。下面要探讨的就是商业广告了。就目前的形势而言，商业广告是绝大多数实力派自媒体的主要收入来源。商业广告的收费方式主要有两种，分别是渠道费和创作费，推广方式则有硬广和软广之分。

渠道费是指当有厂家在你的账号上投放商业广告时，你收取对方发布广告的渠道费用。而创作费则是建立在厂家对你文笔信赖的基础之上的。如果厂家相信你的写作能力，你对自己也有十足的信心，那么就可以向厂家收取撰写文章的创作费。

通过硬广收取渠道费是一种相对简单直接的方式。这其中又可分为两种具体情况。一种是用自己的账号为厂家列清单，直接引导粉丝打开厂家提供的链接点击进入，然后按照既定流程购买商品；另一种则是由厂家直接提供文章，推广者按照文章内容强制性地推广产品。不过，这种方式存在一定的弊端，它会影响用户的阅读体验，导致转发率不高，更容易引起粉丝的排斥。

通过软广收取创作费则是一种更为有效的推广方式。这对于一个有内容创作能力的公众号来说，需要具备一定的实力。因为软广对文章的质量要求较高，需要将厂家提供的产品卖点巧妙地与文章内容融合在一起，让粉丝在聆听故事的同时自然而然地接受产品信息，从而轻松拉近粉丝与产品之间的距离。

“70后”的郭阳就是一个典型的例子。他面对生活始终保持积极向上的态度，总喜欢迎接新的挑战，并且热衷于创新。他拥有一个发表文章的公众号，这个公众号极具创作力，深受外界的认可。某品牌商家看中了他的公众号，认为其文章既具有强大的宣传力度，又能与粉丝保持较高的黏性，于是便选择让他来推广产品。

郭阳经过深思熟虑后，觉得用故事引入产品的方式最为合适，因为这属于软广的形式，粉丝更容易接受，不会产生反感情绪。在撰写文章的过程中，他反复修改，力求完美。最终，文章完成后，他自己十分满意。发布之后，顺利通过审核，商家也对推广效果非常满意。由此，郭阳获得了一笔丰厚的收入。

综上所述，无论是广点通还是商业广告，都为内容创作者在微信平台上提供了多元化的赚钱途径。然而，要想在这些途径中获得成功，关键在于不断提升自身的创作能力，深入了解粉丝的需求和喜好，同时注重广告投放的技巧和策略，这样才能在竞争激烈的内容市场中分得一杯羹。

知识变现的方式

在当今知识经济蓬勃发展的时代，内容付费已成为一种普遍现象。倘若你的大脑中储备着丰富的知识，切莫吝啬分享，因为这正是知识变现的契机。然而，若你尚未构建起完善的知识体系，又该如何实现知识变现呢？

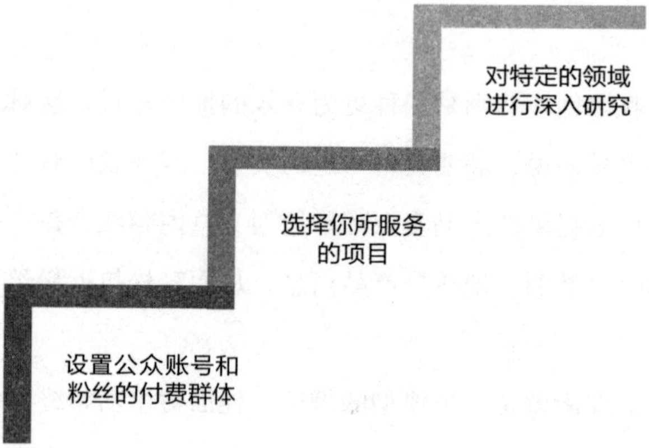

图16 知识变现的方式

其实，只要你拥有独特的观点或者掌握了专业领域的内容，便大有可为。首先，不要急于在公众号上免费发布完整文章。你可以先创建公众账号，并设立粉丝付费社群。对于那些对特定话题感兴趣的粉丝而言，他们可以通过付费的方式进入微信群。之后，你再向群成员发送链接，他们便能通过点击链接进入公众号，阅读到完整且对他们有所帮助的文章内容。

有个叫小帅的人，是一名外贸销售员。他常在公众号上展示外贸产品，介绍其使用方法，还宣称能教大家辨别真伪。同时，他还经营着个人账号和几个微信群。他在个人账号上分享外贸产品的质量、性质、价格等信息，但需付费登录。许多用户觉得小帅的文章很有价值，读后感觉受益匪浅，因而对他十分信任。在了解小帅后，众多用户会以付月费或年费的形式加入微信群。如此一来，小帅一年的收入竟高达几十万元。

要实现知识变现，你得选准服务项目。若想进入热门圈子，前提是要有实用性强的服务项目，并储备一定量的专业知识，否则用户不会买单。比如，若想在乐高领域崭露头角，就得努力成为乐高拼搭高手，形成自己的特色，这样才能有资格为用户提供服务，让用户觉得花钱有收获。

要是你对特定领域有深入研究，同样可以实现知识变现。就拿写文章来说，倘若你的文笔出众，周围人都想结识你，那么开设一个私密社群无疑是明智之举。在群里，你可以分享创作流程，让更多人学到你所掌握的专业知识精髓。总之，只要找准方向，发挥自身优势，知识变现并非遥不可及。

IP变现的方式

IP即“知识产权自媒体”，其变现方式多样，如出版改编、专业咨询等。以出书为例，IP变现主要有稿酬制、版税制和自主运营三种途径。

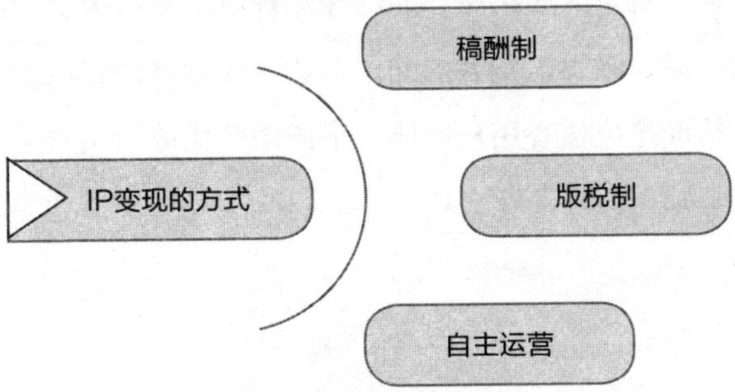

图17　IP变现的方式

稿酬制是作者将书稿版权一次性卖给出版社，获得相应稿费；版税制则依据图书销量分成，通常在5%~10%之间，若书稿被改编成影视剧，还会有额外收入；自主运营要求创作者有高质量原创内容，先在公众账号发布部分内容并吸引关注，再考虑出版盈利。

小蒙文笔出众，自幼喜爱画画，漫画创作能力也很强。她运营着微信公众号，常发美文，深受粉丝喜爱，也靠发文赚取收益。某天，她萌生出写书赚钱的想法，于是着手创作，并为书取名《如何成为自媒体运营高手》。出版后，该书受到高校学生和创业者欢迎，被大量采购作为培训教材，小蒙也因此获得了可观的收入。

从这个案例可以看出，IP变现为创作者提供了多元化的盈利渠道。无论是选择稿酬制、版税制还是自主运营，都需要创作者具备扎实的专业知识和独特的创作风格。同时，也要注重内容的质量和传播效果，才能在激烈的市场竞争中脱颖而出，实现IP的有效变现，为自己的创作事业带来更多的机遇和经济回报。

内容电商变现的方式

内容电商的概念在2015年迅速在自媒体领域崭露头角，成为众多创作者关注的焦点。那么，究竟什么是内容电商呢？简而言之，内容电商就是通过某一具体场景，将个人对某一产品的深刻理解以富有吸引力的内容展现出来，从而引出产品，激发消费者的购买欲望。要做好内容电商，关键在于几个核心步骤：精准定位核心用户群体，平衡团队优势与用户需求，以及在赢得粉丝信任的基础上实现商业变现。

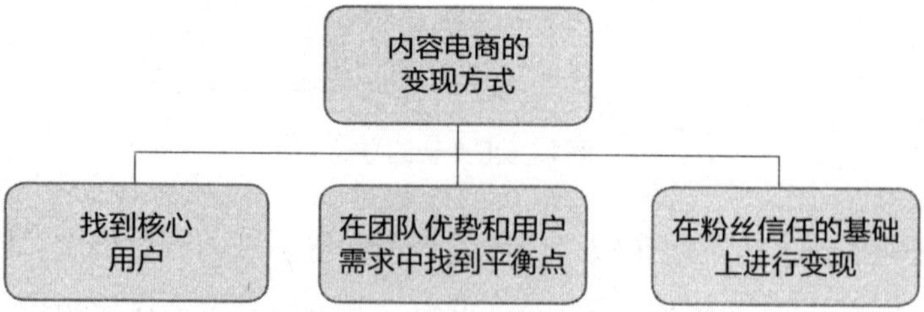

图18　内容电商的变现方式

精准定位核心用户，意味着不应盲目追求广泛受众，而是要聚焦于那些对自身平台价值最大化的用户群体。例如，若你对孕婴产品有深入研究与了解，那么你的目标用户便是宝妈群体，通过吸引她们成为你的忠实粉丝来构建基础。

平衡团队优势与用户需求，则需要通过不断测试与反馈来筛选出真正有需求的用户。这要求我们具备敏锐的洞察力，能够透过用户表面的诉求，洞察其真实需求，就比如用户说想要一匹马，实则可能渴望的是一辆车的便利性。通过这样的测试与调整，我们可以逐渐剔除伪需求，锁定真正的目标客户。

在粉丝信任的基础上实现商业变现，是内容电商成功的关键。这要求我们不仅要具备专业的知识背景，还要有严格的选品标准和评测能力，以确保推荐给粉丝的产品都是高质量、高性价比的。这样，我们才能逐渐建立起粉丝对我们的信任，进而促进产品的销售。

以青青为例，她的账号拥有千万粉丝，其中大部分为女性。她凭借对化妆品的深入研究和专业知识，赢得了粉丝的信任。她经常分享化妆品的使用技巧、真伪辨别方法以及如何挑选适合自己的产品等内容，这些高质量的内容不仅满足了粉丝的需求，还引发了她们的共鸣。因此，当她推荐化妆品时，往往能得到广大用户的积极响应和购买。

无论是微信、播客还是直播等自媒体平台，赚钱的方式多种多样，但归根结底都离不开优质的内容。选择适合自己的平台后，我们需要将精力集中在内容创作上，运用独特的风格打造高质量的内容。这样的内容不仅要能够与粉丝产生精神共鸣，还要有足够的吸引力来“勾引”客户，最终达到我们想要的商业效果——让内容变现。

总之，想要依靠自媒体创业赚钱，就需要根据自己的实际情况选择合适的赚钱方式，并致力于成为该领域的佼佼者。通过精准定位、平衡需求与优势、建立粉丝信任等策略，我们可以逐步实现内容电商的成功转型与盈利。

• 第 10 课 •

私域流量变现的三大要点

如今，不少人觉得自己难以运营好公众号与直播平台，便将目光投向微信，期望借助个人微信号实现盈利。选定目标后，他们内心又泛起疑虑，认为通过个人微信号赚钱，无非就是从事微商，日常发广告、带货，频繁刷屏，而这种方式极易让微信好友产生反感。还有一些人，虽想利用个人微信号赚钱，但对微商了解不深，觉得其销售方式简单粗暴，常给人不可靠的印象，若自己涉足其中，心中会充满不安。

实际上，这些想法都是多余的，它们只会成为自己创业路上的“绊脚石”。若能正视个人微信账号的强大功能，持续提升自己的微信营销能力，那所谓的“绊脚石”自会消失。

在当今这个网络时代，若想通过个人微信号赚钱，就应抓住良机，重视网络营销的机会，看清网络发展的趋势，如此才能跟上时代步伐。

通过个人微信号赚钱，需学会深耕账号，做好以下三点：其一，明确人设定位；其二，做好细节规划；其三，把控发布节奏。

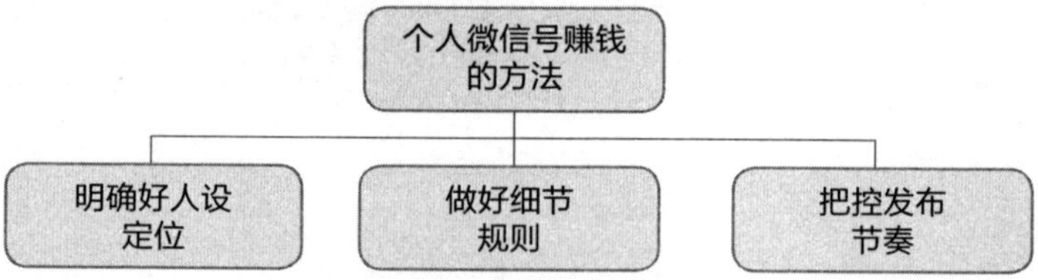

图19　深耕微信要做的三点

明确人设定位

在当今数字化社交的时代，微信已然成为人们生活中不可或缺的一部分。而微信人设的打造，就如同一场精心策划的场景布置，涵盖了微信昵称、微信头像、个性签名以及相册背景等多个关键元素。这一过程，恰似为个人微信账号进行一场细致入微的“化妆”，一个外观优美且独具个性的账号，不仅能够如磁石般吸引新的用户源源不断地关注，还能清晰明确地让对方知晓你所从事的行业领域，进而建立起紧密的联系与信任。

图20 微信人设的打造

微信昵称，无疑是一个人在微信社交中的名片。当好友在进行点赞、聊天或评论等互动操作时，首先映入眼帘的便是你的昵称。若想让粉丝对你留下深刻印象，一个富有个性的昵称至关重要。例如，可以根据自身所从事的行业，巧妙融入有趣的形容词，再搭配上自己的昵称，像“喝酒就喝我的酒，小严”这样的昵称，既生动有趣又极具辨识度。当好友看到这个昵称时，瞬间就能明白你从事的是与酒相关的行业，同时也能感受到你对自己所做之事的独特态度和自信，从而对你印象深刻。当然，也可以采用昵称加江湖旗号的方式，或者使用真名加行业地位的组合来命名。比如“王源推荐题材第一人”，这个昵称不仅清晰地传达出你的名字，还明确表明了你在行业中的专业定位和所能提供的帮助，让人一目了然。

娟娟的故事就是一个生动的例子。她原本在上海工作，后因父亲生病回到家乡照顾老人。父亲的苹果园是一生的心血，娟娟决定帮助父亲打理果园并拓展销售渠道。她深知微信个人账号的重要性，于是将昵称修改为“爸爸的超级苹果园”。这个独特的昵称很快吸引了一些投资者的关注，他们一看到这个昵称，脑海中便浮现出苹果园的景象以及硕果累累的画面。经过实地考察，发现苹果质量确实不错，便决定在娟娟父亲的苹果园投资制作罐头或其他食品。此后，娟娟家的苹果一路畅销。由此可见，一个合适的微信昵称能够产生意想不到的效果。

在选择微信昵称时，需要避免一些对微信营销毫无帮助的选项。比如，以“A”开头的昵称，显得过于普通，很难在众多好友中脱颖而出；而用某某代理加电话号码作为昵称，虽然直观，但却容易引发他人的反感；还有一些情感类的昵称，缺乏明确的指代性，毫无意义。总之，设置昵称要遵循“最合适的才是最好的”这一原则。

微信头像则相当于你在现实生活中的真实形象展示。它如同一面镜子，反映出你在他人眼中的第一印象。那么，如何才能打造一个令人印象深刻的个人微信头像呢？最佳选择是本人的职业形象照，它能直观地展现你的专业素养和职业身份。当然，真人卡通照也是不错的选择，但无论选择哪种类型的照片，画质都必须清晰。如果自己不太擅长拍摄，不妨寻求专业机构的帮助，以确保头像的质量和效果。

当微信用户通过你的昵称和头像对你的职业有了初步了解后，他们往往还希望进一步深入了解你。这时，微信个性签名就发挥了重要作用。它就像是对昵称的详细阐述，简单明了却又能让人记忆犹新。在设置个性签名时，需要清晰地介绍自己的职业、在该行业所取得的成就以及能够为用户提供的帮助等内容。

张晓作为一名创业讲师，就非常善于设置个性签名。他拥有三个微信账号，每个账号的个性签名都各具特色，吸引了众多创业者的关注。一次，一家公司的经理想要听张晓讲课，便添加他为好友。这位经理特意查看了张晓的个性签名，上面写着“我不会告诉你我有学员年入百万”。简短的一句话瞬间抓住了经理的好奇心，他不禁好奇这位讲师究竟有何独特之处，能够培养学员实现年入百万的目标。带着这样的疑问，经理开始交费学习，最终果然受益匪浅。

微信相册背景作为朋友圈的背景图，虽然有些人认为它并不重要，但实际上它是微信人设打造中不可忽视的一环。当用户添加你为好友后，很多人会习惯性地翻看你的朋友圈，而此时他们首先看到的就是你的微信相册背景。因此，我们需要巧妙地设置微信相册背景，充分利用这一环节来强化人设定位。在设置时，最好保留头像的位置，旁边留出适当的空间作为底色，底色要选择阳光、积极向上的色彩，同时搭配能给人留下深刻影响的图片，并在上面注明自己的经历和标题。

除了上述几个关键元素外，打造微信账号人设的方法还有很多，比如如何发布朋友圈等。经营微信个人账号是一门简约而不简单的艺术，需要我们不断去探索和学习。只有不断提升自身的服务价值，让微信用户真正了解你、信任你，才能在这个数字化社交的舞台上绽放光彩，实现个人品牌的塑造和价值的传递。

做好细节规划

在当今数字化时代，微信个人账号已成为许多人挖掘商机的宝地，而细节规划无疑是开启财富之门的关键钥匙。其中，累积用户是首要且关键的一步。一个拥有5000位好友的个人微信号，其商业价值不容小觑，它宛如一个拥有数万粉丝的公众订阅号，而积累粉丝的入口便是微信个人账号的精心设置。这绝非细枝末节，而是决定能否吸引用户关注、添加好友的重要环节。

累积用户的方法多种多样，点赞、评论以及奖励机制堪称有效途径。通过这些互动方式，能让更多潜在用户认识并愿意添加你为好友。当用户如潮水般涌来时，积极与他们互动便成为重中之重。你可以讲述引人入胜的故事，或以其他独特方式牢牢抓住他们的注意力，激发他们对你所从事行业的兴趣，从而为后续的商业行为奠定基础。

图21　做好细节规划需要注意的要点

赢得用户信任则是迈向成功的核心要素。一个人若具备优良品质，自然更容易获得他人信赖，但优质的产品与服务才是提升信任度的关键所在。当用户确实需要你所提供的服务，或者长期依赖你的产品时，他们便会毫不犹豫地做出选择。在用户选择你的产品和服务后，销售互动环节不可或缺。例如，寻找相关话题，以奖励产品和交流评价的方式与用户积极互动，既能增加用户黏性，又能促进销售转化。

然而，在消费市场中，总有部分消费者犹豫不决。此时，消除他们的顾虑便成为关键任务。最行之有效的方法莫过于让已使用产品的用户进行反馈。就如同我们在网上购物时，往往会查看用户评论和好评率一样，高好评率意味着你的产品和服务值得信赖。

月月出生于一个小村庄，大学毕业后在上海一家公司工作了两年。突然，她萌生出回乡搞养殖创业的想法。辞职后，她拿出全部积蓄投身养殖业。为拓展销售渠道，她申请了多个微信号，逐渐积累了大量用户。但由于微信好友中很多人并不认识她，为获取信任，月月坚持每天在朋友圈分享养殖过程和肉类运输过程。尽管有些用户仍心存疑虑，但她将已下单用户的反馈展示出来，同时为防止骗子利用信息，她巧妙地隐藏了用户信息。这一举措成功打消了有些客户的顾虑，大家通过微信了解月月的为人，进而相信她销售的肉类产品，纷纷与她开展生意往来。

总之，要想借助微信个人账号实现盈利，从累积用户到赢得信任，再到消除顾虑，每一步都需精心规划与细致执行，如此方能在微信商业领域开拓出一片属于自己的天地。

把控发布节奏

通过个人微信号赚钱，有一个关键的细节需要把握，那就是发布信息的节奏。此前，大家已经学习了在微信上“说什么”和“怎么说”，接下来，我们还要明确“什么时候说”，也就是要精准把握发布内容的时机。

把握好发布节奏至关重要，其中最忌讳的就是刷屏行为。倘若毫无节制地频繁推送信息，会严重干扰微信用户的正常使用。对于那些现实中认识你的人，可能碍于情面不好意思直接删除你，但会选择屏蔽你的朋友圈；而原本就与你素不相识的人，则会毫不留情地将你拉黑删除。长此以往，你所积累的用户也会逐渐离你而去。

小雨是一位美容师，经营着一家美容店。她精心打造了自己的微信个人账号，当地不少人都添加她为好友。小雨满心欢喜，觉得应该让大家都更了解自己。于是，只要一有空，她就发朋友圈，几乎每隔几分钟就会发布一个关于美容的小视频或者一些化妆品图片。

然而，一些刚加她为好友的用户看到小雨这样不断刷屏，心生反感。当他们再次看到小雨发来的宣传广告时，果断地将她拉黑。小雨微信里还有一些好朋友，她们虽然不好意思删除和拉黑小雨，但又不想被广告刷屏困扰，便选择了屏蔽她的朋友圈。如此一来，小雨这种发布朋友圈的方式完全没有达到预期效果。

那么，究竟该如何把握好发布节奏的尺度呢？这就需要做好规划。一般来说，每天发布5~10条内容较为合适。其中，可以选择两条用于营销推广，三条分享生活点滴，一条抒发情感，剩下的则可随机安排。但要注意的是，发布的信息必须传递积极向上的正能量。

除了内容规划，发布朋友圈还需选择黄金时间段。早上7点至8点、中午12点至13点以及晚上21点至22点是发布朋友圈的黄金时段。早上人们刚起床，睡眼惺忪之际，可能会花一两分钟翻看朋友圈，此时你的一声温馨问候能让人心情愉悦，开启美好的一天。中午是推广产品的最佳时机，在这个时间段发布有效信息，能让好友更好地了解你的产品。而晚上休息时，道一声晚安，既能让好友做个好梦，又能给他们留下好印象。

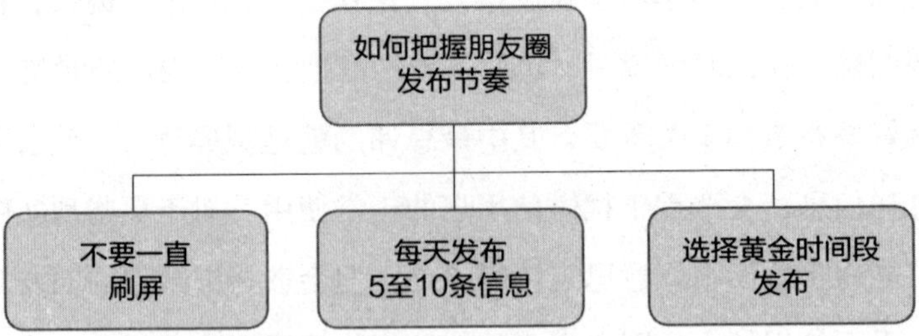

图22　把握朋友圈发布节奏时需要注意的要点

总之，若想通过个人微信号实现盈利，人设定位、细节规划以及发布节奏这三个方面缺一不可。这需要你用心去经营，让用户充分了解你，清楚你是做什么的。慢慢地，你用实际行动打动用户，他们也会对你逐渐产生信任。当某一天，有用户需要你在微信号里分享的商品时，就会自然而然地想到你。

• 第 11 课 •

头条和 B 站的变现模式

现今是互联网社交时代，很多人抓住时机，纷纷涌入头条和B站，成为这两个平台的UP主，也就是上传者，然后通过发布视频、音频和图文吸引粉丝，获得了收益。但对于新手而言，虽然也想通过头条和B站赚钱，但却不知道如何入驻平台，怎样制作内容，所以就需要进行简单的学习，在操作过程中不断积累经验，一步一步成为玩转头条和B站的高手。

如何在头条赚钱

头条的流量相对其他平台而言，比较强大。扎根头条平台的过程分为两步：申请账号和运营账号。

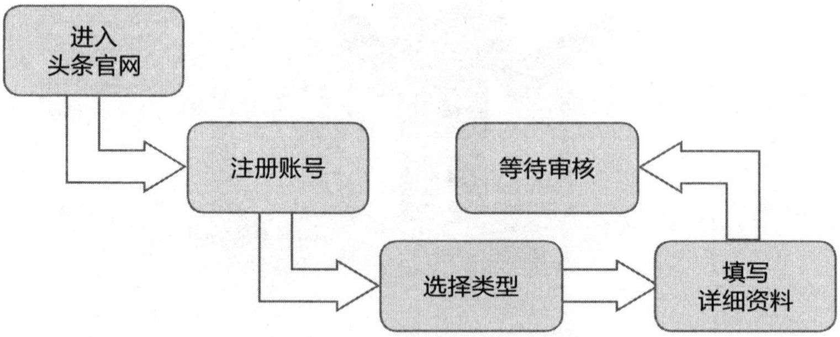

图23　申请头条账号的操作步骤

如果你想通过头条赚钱，首先要做的就是拥有一个头条账号。申请头条账号的操作步骤非常简单，与其他平台的注册方法一样，先在网页上搜索“头条”，进入头条官网，页面上会弹出账号注册信息，填写的手机号最好要实名认证。下一步是选择账号入驻的类型，这些类型分别是个人、媒体、国家机构、企业和其他组织，根据实际需要选择适合入驻的类型即可。接着，便是填写入驻的详细资料了，个人资料中的手机号、身份证和银行卡号要一致，以方便后续提现。资料填写完之后提交，等待头条官方的审核。

头条账号审核通过之后，就可以开启运营头条的征程了。头条最常见的赚钱方式有两种：一种是发布文章，另一种是发布视频。无论选择哪种方式，都必须要有养号的过程。刚开始，登录头条账号增加活跃度，要有持之以恒的精神，如果你的文采不错，那就要坚持每天最少更新一篇文章。更新文章时要注意，每天的更新时间要固定。除此之外，UP主一定要发布原创文章，这样才会获得更多的推送机会。另外要注意，你所写的原创内容一定要有针对性。在创作的道路上慢慢积累粉丝，不过，你也要做好心理准备，前期的收入很少，不要急于求成，更不要毫无头绪地乱发文章，否则，到最后不仅赚不到钱，还浪费了时间，更浪费了手里的资源。

如果你没有出众的文笔，不擅长写文章，那也就可以选择发布视频的赚钱方式，头条新手账号发布视频的数量不受限制，UP主可以找一个有趣或热门的主题，制作成视频，发布到头条账号。

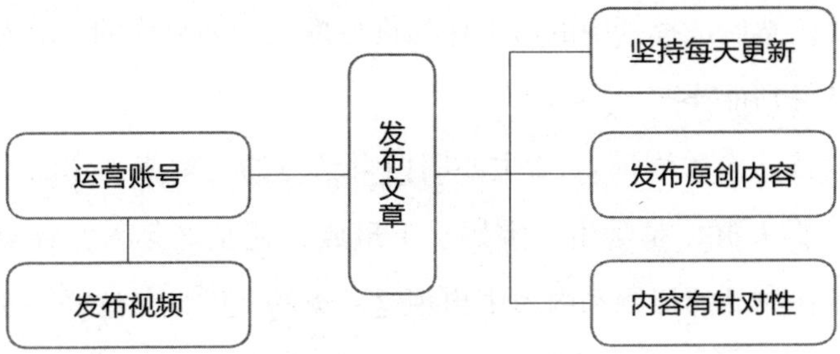

图24　头条账号的运营

需要注意的是，头条平台具有一定的规则，作为这个平台的UP主，一定不能触雷，千万不要侵犯其他人文章的著作权或发布低俗的内容，一旦触犯这些规则，你很有可能会面临被封号的危险，到时候不仅将无法提取现金，之前付出的所有努力也将毫无意义。UP主创作的文章和视频都是通过平台的推荐才展现在粉丝面前，在此过程中，UP主既要遵守平台规则，又要掌握发布作品的技巧。那么该如何遵守头条的推荐规则呢？

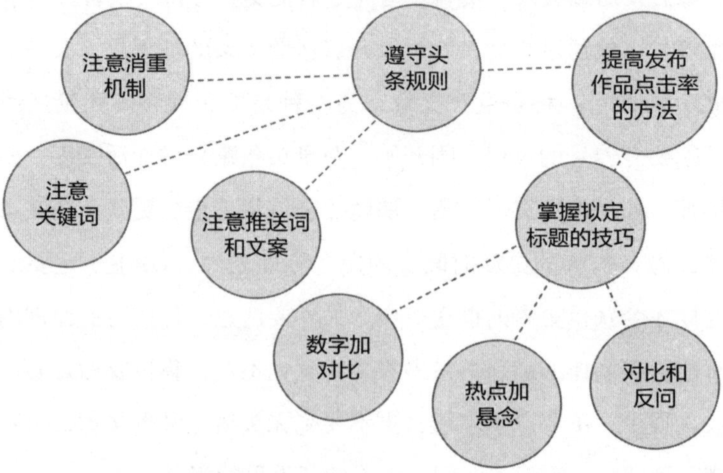

图25　提高发布作品点击率的方法

首先应该注意消重机制。因为头条平台有严格的审核人员，他们会认真审核UP主发布的作品，如果发现有重复或相似的作品在平台发布，就会进行分类对比，然后选择其中的原创作品进行推送，如果你的作品有抄袭的嫌疑，将很难得到推荐。

其次应该注意关键词。UP主要明白自己写的文章或创作的视频，其针对的是哪一类人群，是学生、宝妈、上班族，还是老年人？针对某一类人群，就应该在作品的标题和内容中出现这一类的关键词。这样，头条会给你发布的作品内容打上标签，系统会对你文章或视频提到的关键词进行识别，根据你的标题关键词和内容关键词出现的频率做出判断，然后将作品推送给合适的用户群。

姗姗很喜欢写文章，掌握很多会计学方面的知识，同事建议她开通头条号，凭她的文笔，一定能在头条平台上有意想不到的收获。姗姗觉得这个主意不错，于是，就申请注册了头条账号，在平台上发布有关财会创业方面的内容。她在文章的标题中提到了“会计”这两个字，在文章中几次提到“老板”“会计”等关键词，头条系统默认识别，并将文章分享给了想要了解会计学方面知识的人。相关读者阅读了姗姗的文章，为了方便下次找到，特意关注了她。慢慢地，大家都觉得姗姗的文章含金量高，通俗易懂，值得信任。就这样，姗姗通过不断地创作和分享文章，从一开始赚到一点点收入，到现在已经月入上万。

最后要增加推送词和文案的点击率。头条平台会给用户打标签，根据用户的推送词和文案与其标签匹配，匹配之后，一开始先将用户作品推送给1000个人，如果这1000个人的阅读量很高，接下来，就会再推送给10000个人，以此类推。不过，每个作品的推送过程都是有时间限制的，平台会在用户发布作品后24小时之内完成推送流程。

UP主想要掌握发布技巧，一定要了解头条的热词，掌握拟定标题的技巧，这样才能从根本上提高作品的点击率。头条上的粉丝观看用户作品时，首先映入眼帘的是标题，这个时候，UP主要掌握技巧，在标题上下功夫。在写标题之前，先分析一下，你即将要拟定的标题能包含当下哪些热词。不过，拟定标题并不是简简单单地写当下的热词，关键还是要掌握实操技巧。拟定标题的实操技巧有三个：数字加对比、热点加悬念、对比和反问。

数字加对比，就是为了突出标题的数值，这个数值要符合一定的条件才能吸引粉丝的关注，其中显示的数值一定要是极端数值——要么很高，要么很低，然后再进行对比，有了对比才能引人注意，突出主题。

头条里有这样的一个标题“豆瓣7万人打9分，中国也有了自己的超级电影”。这个标题既突出了数值，又将国外的超级电影和国内影片进行了对比。其中显示的数值很高，后面通过对比，让看到标题的人感到自豪，不由自主地想要继续阅读后面的内容，以此增加了文章的点击率。

热点加悬念是拟定标题的一个特别好的选择。热点自然不用多讲，就是吸引用户，后面的悬念词会引起用户的困惑，阅读者疑惑重重，为了解开谜团，会不由自主地点击阅读。例如，“庆余年结尾彩蛋解析，第二季拍摄究竟会怎样”，这个标题中，庆余年是热点，彩蛋与第二季是为读者留下的悬念，大大增加了读者的阅读兴趣。

对比和反问，让标题句式更加多样化，这也是头条获得更多推荐的一项技巧。例如，“为什么懒人喜欢发语音？聪明人喜欢发文字？”，这一标题用懒人和聪明人做对比，前面加一个“为什么”，一句疑问暗示着读者的心声，让UP主与读者产生共鸣。

提高头条作品点击率的技巧还有很多，UP主需要不断积累经验，在成长的道路上摸索前行，最后一定能够找到很多种头条的赚钱模式。如果你掌握了其中的技巧，也可以分享给想要通过头条赚钱的人。

如何在B站赚钱

作为新手，想要成为B站用户，通过B站赚钱，一开始免不了会一头雾水，有的人甚至只知道如何在网上找到这个软件，其余的一概不知。这时候，就需要先认识B站，学习B站的具体操作办法，掌握B站视频的整理技巧。

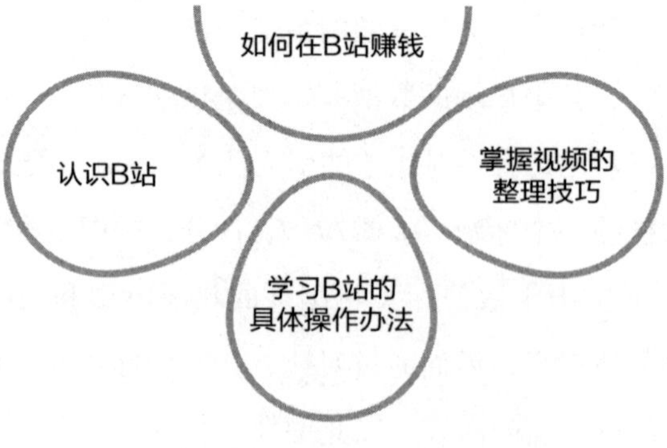

图26　在B站赚钱应知应会

B站又称哔哩哔哩，是国内领先的年轻人文化社区和视频平台。早期B

站是一个创作动画、漫画和游戏的平台，主要受众为二次元粉丝。之后，随着时间的推移，B站的用户也渐渐成长了起来，越来越多的人的生活离不开美妆与时尚，越来越多的人求知欲暴涨。这时候，B站通过UP主上传相应视频来满足用户的要求。B站平台有两种角色：一种为粉丝；另一种是UP主，也就是视频的制作者和上传者。B站的UP主通过创作视频，进行分享，收获粉丝，赚取收益。如今，B站的一些生态圈无限循环，变现模式也多种多样，其中包含充电计划赚钱、直播赚钱、接广告赚钱等。

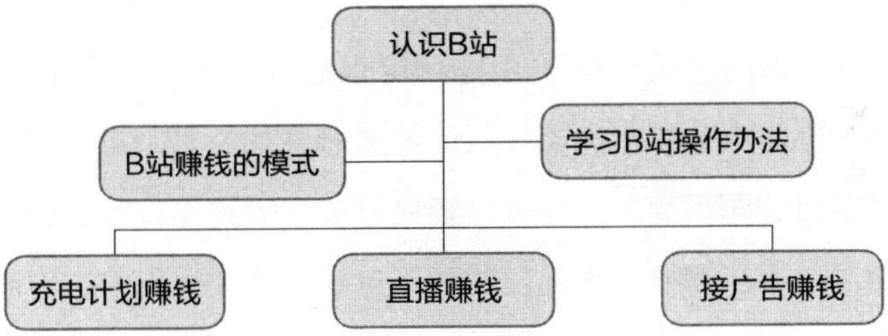

图27　B站的变现模式

B站充电计划赚钱就是观看了视频的用户给UP主打赏。当UP主发布了视频后，用户喜欢，给UP主打赏，就像是给电池充电一样，相当于用户直接为UP主充钱。用户打赏的钱，B站官方抽成30%。

朵儿是一个积极向上、热爱生活的姑娘。2024年3月份，她成为一名B站UP主。她发布的第一条视频是做美食的过程。万万没想到的是，这一条视频深受广大用户喜爱，大家纷纷照着视频学做起来，同时不断在视频评论区评论、留言。半年之后，朵儿B站的粉丝涨到了100万。如今，她的粉丝已经超过了200万，每个视频的平均播放量也在900万左右。就这样，喜欢朵儿的粉丝源源不断地为她充电。朵儿大致计算了一下，自己每个月靠发视频获得收益将近1万元，再加上大约有500人为自己充电，除去平台的抽成，每个人充电的收益平均是10元，一个月的收益在5000元左右。

B站直播赚钱分为两种：一种是野生主播，另一种是签约主播。B站的直播门槛很低，申请账号，使用支付宝快捷方式认证，等待平台审核通过就可以直播了。因为B站一开始定位在二次元社区动漫社群，所以一部分人依靠游戏直播受到大众欢迎。不过，因为用户直播要和官方五五分成，有时候还会扣税，所以收入相对较少。

B站接广告赚钱可以说是UP主在这个平台赚钱比较火爆的一种方式，但前提是UP主必须有足够多的粉丝。当UP主获得了很多粉丝的关注后，广告商会主动找上门来谈合作，为他们的产品做宣传、做广告，广告商会根据广告类型支付给UP主推广费。

了解认识了B站之后，接下来你一定很想知道这个平台的具体操作办法。学习B站的具体操作办法要先从注册账号开始，注册账号时，B站系统会设置很多题目，题很简单，你可以轻松过关。等到你将所有题目都回答对并注册成功之后，还需要一个漫长的转正过程。这个过程中，你需要做一些发送弹幕和收藏视频的工作。千万不要小瞧这个过程，这是B站官方为了防范违规视频而设计的。最后，当你正式成为B站用户之后，就可以选择视频素材，根据要求发布作品了。

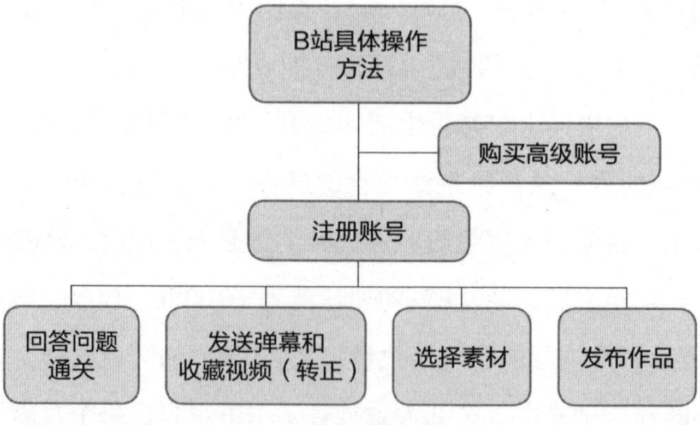

图28　B站具体操作方法

在B站整理视频时，UP主需要注意一些细节问题。B站平台用户对UP主发布视频有很高的要求，新奇而有创意的内容更能得到用户的喜欢。因此从一开始，UP主就应该找准定位。选准定位之后，就不要再犹豫不决，如果你今天发幽默视频，明天发教学视频，就会扰乱平台系统，系统将无法准确地进行推送，到时候就无法吸引粉丝了。另外，因为B站有许许多多的UP主，为了能够更好地展现视频效果，你应该在视频中明确自己的态度，具体可以通过配音或配文字、字母等表达。加入这样的元素，就会增加视频的灵动感。你知道什么视频在B站上受欢迎吗？根据B站的属性，应该选择一些教程类视频，例如绘画视频、特效视频、摄影教程、跳舞教程等，还可以选择一些外国人的发音视频，这类视频是你吸粉的最佳选择。如果对B站的赚钱方式想进一步了解，也可以打开B站的教学视频，这是专门为新手精心打造的教学商学院。

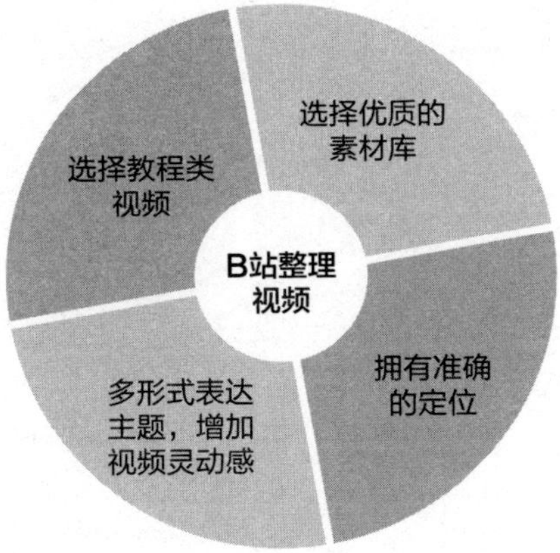

图29　B站整理视频需要注意的细节

头条和B站采取的是两种不同的赚钱方式。在互联网时代，各个平台有各自不同的赚钱方法，如果你选择了其中的一种，就要认真钻研，从中找到自己的闪光点，然后在适合自己的平台上大显身手，创作出高质量的内容，让内容变现。

• 第 12 课 •

抖音变现的渠道和运营方式

近几年，抖音短视频风靡全球。入驻抖音的用户中，有的靠做自媒体盈利，有的通过销售商品获利，还有的凭借展示才艺赚取收入。为何众多抖音用户都能赚到钱呢？原因在于抖音拥有巨大的流量池。整个互联网中，个人、团队以及企业纷纷涌入抖音，每天坚持发布吸引用户的小视频，以各种方式实现赚钱目标。

玩抖音的变现渠道并非唯一，形式也丰富多样。只要掌握运营方法、发布技巧，再结合实践经验，不久后便有望成为抖音界的佼佼者。

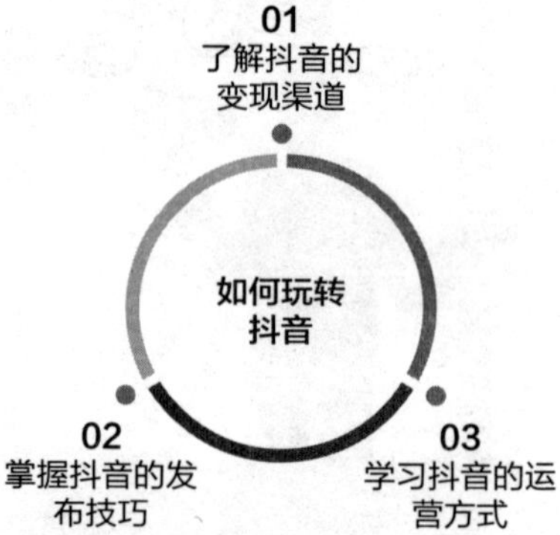

图30　玩转抖音应知应会

抖音用户变现的前提是拥有庞大粉丝群体。要获取几万、几十万乃至上百万、上千万的粉丝，需采用适合自己的运营方式，要熟知抖音小视频的发布技巧，才能为自己开启赚钱之门。总之，在抖音这个大舞台上，找准方法、持续努力，就有可能收获财富。

抖音变现的渠道

在当今的社交媒体时代，抖音作为一款极具影响力的短视频平台，为众多创作者提供了丰富多样的变现途径。其中，较为突出的变现渠道主要有三种：接广告、通过内容引导电商以及为其他账号倒粉。

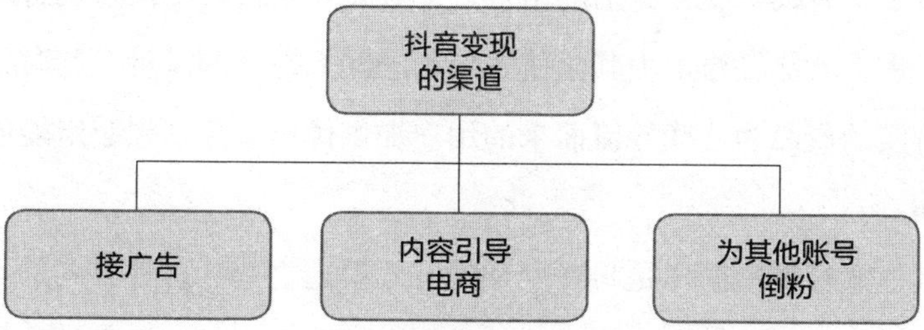

图31 抖音变现的渠道

接广告是抖音达人普遍采用的一种变现方式。当抖音达人制作的小视频深受粉丝喜爱时，他们便有机会与商家合作，为品牌定制专属内容。商家或品牌方通常会依据达人的粉丝数量或者发布的视频情况来支付相应的广告费用，一般一个粉丝能带来几分钱的收益。若达人能够巧妙地运用软广植入等方式对品牌进行宣传，例如视频贴片冠名、口播、形象代言、互动贴纸以及发起挑战等进行品牌营销，有时仅仅发布一条视频就能收获数十万元的报酬。

以吴坤为例，他是由奶奶带大的，奶奶性格幽默且乐观向上。吴坤申请了抖音号后，起初发布的一些日常视频并未引起太多关注。然而，一次偶然的机会，他发布了一条记录奶奶做饭的视频，展现了奶奶娴熟的动作和幽默的性格，没想到这条视频瞬间火了起来，粉丝量一下子涨了好几万。此后，他用心运营，粉丝数量达到几十万，众多商家纷纷找上门来，希望借助吴坤和奶奶拍摄植入软广的视频来做营销。吴坤精心挑选了一款优质商品，为该品牌定制了精彩内容，并通过口播的方式向用户大力宣传产品。这条视频发布不久后，便获得了两万点赞，评论区也热闹非凡。就这样，吴坤和奶奶通过在抖音接广告拍小视频的方式成功赚到了钱。

抖音内容引导电商也是一种颇具潜力的变现方式。具体而言，就是通过在抖音上发布有吸引力的内容来吸引流量，进而引导用户添加微信号。当下，许多做微商的人都面临着朋友圈卖货难的困境，而抖音则为微信带来了巨大的流量，有助于提升微信的出货量。假如一条抖音小视频拥有几十万的播放量，那么就能轻松地为其微信号导入5000人左右的流量。此时，若能凭借货真价实的产品为这些导流而来的用户提供优质服务，想必定能创造出可观的利润。

为其他账号倒粉同样是抖音变现的有效渠道之一。这种方式的本质是将抖音的流量导流至其他平台，从而在抖音之外获取收益。最常见的做法是将抖音流量导流给从事垂直行业的人。比如，可以在抖音主页为个人微信或微信公众号引流倒粉。当然，其他垂直行业的抖音号也可以在所发布的视频评论中巧妙加入本人微信等账号信息，实现流量转移。

总之，抖音的这三种变现渠道各有特点和优势，为广大创作者提供了多元化的盈利可能，只要善于把握和运用，就有可能在抖音平台上实现自己的商业价值。

抖音的运营方式

运营抖音的关键在于精准定位目标人群和精心制作视频内容。

在着手制作视频之前，明确你的视频面向的是哪些观众至关重要。例如，化妆品营销人员通常会将女性作为主要的目标受众，因为化妆品是女性日常装扮不可或缺的一部分。因此，在发布视频前，必须清晰地认识到你的目标人群是女性。

在创作抖音内容时，有两个要点需要特别注意。其一，坚持原创。平台大力鼓励原创内容，用户也更倾向于观看新颖独特的作品。一个高质量的抖音视频往往从原创开始。因此，运营抖音账号时应始终坚持原创精神。其二，考虑购买已养成的抖音账号。这些账号已经积累了一定数量的目标人群，无须再投入过多精力去培养，这也是一种专业的引流策略。

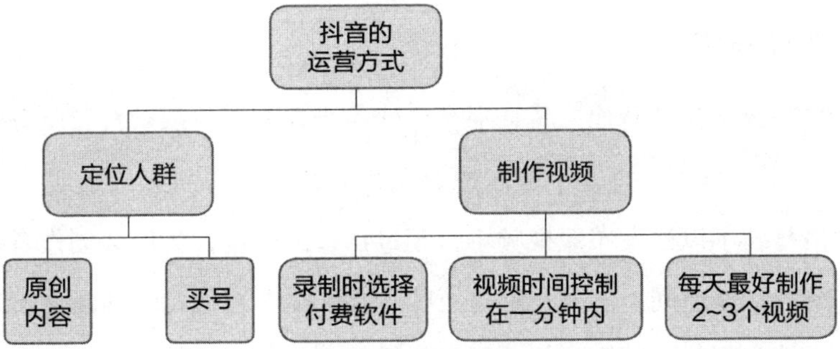

图32　抖音的运营方式

制作视频的第一步是录制。高清视频画面能够带给观众良好的视觉体验，因此，建议使用付费软件进行录制，以提升作品的清晰度。同时，优质的声音也能吸引大量粉丝。如果你的普通话不够标准，那么可以选择使用抖音提供的配音功能来代替。此外，最好在电脑上进行视频编辑，并将时长控制在一分钟内。选择与视频内容相匹配的背景音乐也很重要，如果歌曲与视频不协调，会让观众感到不适。为了保持活跃度，每天可以上传2~3个视频。

实际上，制作抖音视频并不复杂。只要你有决心去做，就一定能取得好成绩。欣欣是一个热爱跳舞的女孩，她的妈妈经常将她跳舞的视频分享到抖音上。然而，最初发布的视频由于画面质量不高，导致点击率很低。欣欣的妈妈对此感到困惑，直到一位同事提醒她："我看过欣欣跳舞的视频，但画面太模糊了。"这位同事还建议说："很多拍视频的人都会用付费软件来提高画质，你也可以试试。"

接受了同事的建议后，欣欣妈妈购买了一款付费软件。经过处理后的视频效果显著提升，令人耳目一新。随着连续发布了多个高质量的视频，欣欣妈妈的账号逐渐受到更多关注，播放量不断攀升。坚持发布了一个月之后，有几个视频成功登上了热门推荐。这不仅让欣欣获得了大量粉丝的喜爱和支持，也使她成为一名拥有众多追随者的小网红。

抖音的发布技巧

在当今数字化的时代，抖音平台已然成为众多用户展示自我、分享生活的热门舞台。如今，抖音平台向所有用户开放了一分钟短视频发布权限，这一举措打破了以往发布短视频不得超过15秒的限制，为广大创作者提供了更为广阔的创作空间。然而，这也意味着我们需要更加精心地雕琢每一个视频，力求精准到位，从而为粉丝呈上优质且富有吸引力的内容。要想在抖音平台上成功发布短视频并实现引流与盈利，掌握一定的技巧至关重要。

图33　抖音的发布技巧

1. 发布内容必须严格符合平台规定，坚决杜绝任何违规的不良词汇与画面

例如，有人在拍摄视频时，本意是想展现一个滑稽的场景，画面中却出现了手持刀具与他人开玩笑的画面，这样的视频显然无法通过平台的严格审核。因为抖音作为一个面向大众的平台，对于内容的合规性有着极高的要求，任何可能引起不良影响或违反公序良俗的元素都将被禁止。

2. 对于新注册的抖音账号而言，平台会对其发布的内容进行相对较长时间的审核

这是平台为了确保内容质量、维护社区环境所采取的必要措施。不过，创作者们也不必为此过于焦虑，只要所发布的内容切实符合平台的各项规定，经过一段时间的等待，最终一定会顺利通过审核。

3. 高质量的视频呈现是吸引粉丝关注的关键

一个优秀的视频最好能够配备合适的配音，若因某些原因无法进行配音，那么精心挑选适配的音乐也是必不可少的。声音元素在视频中起着极为重要的作用，它能够增强视频的感染力和表现力，使观众更容易沉浸其中，进而提高视频的吸引力和留存率。

4. 制作的视频要避免出现黑边现象，以免影响浏览用户的观感体验

此外，从视觉效果来看，竖屏视频相较于横屏往往更具优势，它能更好地适应手机屏幕的显示比例，让用户在观看时感觉更加舒适和自然。

5. 视频的标题和引导语是不容忽视的重要环节

在制作过程中，创作者需要深入思考如何设计出富有吸引力的标题和引导语。关键词的运用要恰到好处，其使用方法与头条基本保持一致。尤其需要注意的是，引导语中关键词的使用既要能够有效地促使平台进行推送，又不能过于夸张，避免给用户造成虚假宣传的印象。

6. 适时参与热门挑战赛也是一个不错的策略

抖音官方平台每天都会精心组织热门挑战赛，围绕特定的话题鼓励用户进行创作。这些挑战赛的发布时间通常有一定的规律，中午和晚上各会发布一条；有时，也会在某个特定时段集中推出多条挑战。对于参与者来说，要想在挑战赛中获得更多的流量，就需要尽早发布作品，以抢占先机获得平台的优先推送。而且，内容必须紧密贴合挑战主题，增强视频的可看性和趣味性，这样才能在众多参赛作品中脱颖而出。

7. 抖音平台的流量分配机制较为公平合理

只要发布了视频，无论质量优劣，都能获得一定的初始播放量。这个播放量通常会从几十起步，随着视频的传播和用户的反馈，有可能逐步增加到几百、上千甚至上万。对于新注册账号发布的首个作品，平台系统会给予基础流量推荐，可能会在数小时后推送给部分用户，也可能需要更长的时间才能获得较多的曝光机会。但如果视频内容缺乏吸引力，导致用户不感兴趣而直接划走，那么平台后续的推荐量就会大幅减少。因此，创作者需要坚持不懈地发布视频，通过分析点击量和浏览量来深入了解平台用户的喜好，进而有针对性地调整视频内容的发布方向，如此才能逐渐积累起越来越多的忠实粉丝。

8. 抖音视频的发布时间同样蕴含着技巧

一般来说，最佳发布时间会根据账号受众的不同而有所差异。总体而言，上午11点、下午6点和晚上9点是抖音用户活跃度的高峰期。如果创作者录制的视频质量较高，期望能够获得较高的关注度和热度，那么选择合适的发布时间就显得尤为关键。

郭阳是一位生活在农村的抖音爱好者，平日里他热衷于观看抖音小视频，心中也萌生出在抖音上火一把的想法。于是，他邀请上大学的侄子教自己玩抖音的技巧。学会之后，他为自己的抖音账号取了一个亲切的名字——“羊倌叔叔”。此后，他每天都坚持拍摄自己放羊的日常小视频，偶尔还会制作一些搞笑段子。最初，他总是在下午两点发布视频，然而始终未能火起来。仔细想来，他所拍摄的视频无论是画面还是配音都相当不错，问题究竟出在哪里呢？经过一番思索和向他人请教后，他意识到可能是发布时间不太合适。于是，他改变策略，挑选了几个之前发布的视频，分别在上午11点和下午6点重新发布。令人惊喜的是，这次他的视频播放量迅速飙升至几千！在接下来的几天里，他继续在这两个时间段发布新拍的视频，很快就火了起来，郭阳也因此找到了适合自己的抖音视频发布技巧，并获得了令他满意的收入。

9. 抖音视频的点赞量、评论量、转发量和完播率直接关系到所发布视频能否被平台进一步推荐

这四个标准构成了视频持续获得推荐的重要维度。因此，一旦视频发布成功，创作者就需要想尽各种办法来提高这四个维度的数值。例如，可以在视频中巧妙地埋下伏笔，引导用户在评论区留下自己的猜测和看法；或者精心设计一个吸引人的标题，激发用户的好奇心，促使他们完整地观看视频，并为其点赞、评论和转发。

10. 拍摄视频时，实拍是最佳选择

如果并非使用手机实拍，那么在后期制作过程中，一定要充分考虑到手机屏幕尺寸显示的问题，确保视频在手机上能够完美呈现。抖音平台大力提倡真人出镜，这是因为真人出镜的内容在获取流量方面具有独特的优势，能够增强用户的信任感和亲近感。

11. 当视频收到评论时，创作者最好能积极与评论的用户进行互动，及时回复对方的评论

这种有效的互动不仅能够维护与粉丝之间的良好关系，还能使创作者获得更多的推荐量。因为在平台的算法中，积极互动被视为一种优质内容的体现。

12. 倘若创作者有能力制作出原创音乐，尤其是那种深受用户追捧的音乐，无疑会为视频大大加分

有时候，仅仅凭借一首原创音乐，就能带动整个视频在抖音上火起来，为创作者带来更多的关注和流量。

13. 在运营过程中，严禁出现淘宝的买量和买账等违规行为

这样做很容易被抖音系统检测到并关进“小黑屋”，这将对账号的长期发展造成严重的负面影响。

14. 发布视频时，要精心挑选精华内容，充分考虑每一秒画面给用户带来的感受

例如，可以在视频的前两秒制作出充满悬疑、疑问的内容，引发用户的好奇心和探索欲。这样，很多用户会在评论区留下自己的解答和猜测，从而有效提高视频的留存量和推荐量。

15. 更新视频要保持稳定的频次

每天有节奏地进行内容发布，让用户养成定期观看视频的习惯，进而产生对创作者视频的黏性。这样可以增加用户对账号的关注度和忠诚度，有利于长期的粉丝积累和流量稳定。

16. 周末和节假日是用户活跃度最高的时期，也是创作者增加流量的最佳时机

在这个时间段内，用户有更多的闲暇时间浏览抖音，创作者可以抓住这个机会，发布更精彩、更有吸引力的视频内容，吸引更多用户的关注和互动。

17. 创作者还应经常与抖音官方进行对接

通过与平台的沟通交流，不仅可以获得专业的指导建议，提升自身的创作水平和运营能力，还能优先了解平台开放的功能信息，及时调整自己的创作策略和运营方式，以更好地适应平台的发展变化。

只有深入了解抖音的变现渠道，创作者才能拥有一份稳定的兼职收入来源；只有认真学习抖音的运营方式，才能真正打通抖音变现的渠道；只有熟练掌握抖音的发布技巧，才能牢牢掌握抖音赚钱的秘籍。其实，抖音赚钱的方式并不复杂，关键在于创作者是否愿意花心思去钻研和实践。选择一种适合自己的变现渠道，运用所学的运营方式和技巧，坚持每天上传两三个优质视频。假以时日，创作者定会惊喜地发现，自己用辛勤汗水播下的种子，必将结出累累硕果，收获丰厚的回报和满满的成就感。

第 13 课

快手变现的途径和内容创作法则

如今，短视频领域风靡一时，几乎每位智能手机用户都会下载并安装几款短视频应用。其中，快手平台备受青睐，吸引了众多用户，他们在快手上玩得津津有味，而玩得出色的人，自然能从中获利。

快手作为受大家欢迎的短视频社区，为用户提供了记录和分享生活的空间，无论是图片还是视频，都能在这里展示。这个平台展现了真实有趣的世界，让用户找到志同道合的人，同时向世界展现真实的自我。

有人认为，快手上的土味文化，如美食分享、日常生活展示、表达普通人的情感、正能量传播等，正是其受欢迎的原因。也有人认为，快手上的一些视频平淡无奇，但正是这些看似普通的内容，造就了无数拥有数百万甚至上千万粉丝的用户。他们凭借快手，月入百万，在排行榜上风光无限。

从普通用户到快手达人，再到红人，需要掌握快手的玩法。首先，要明确自己的定位，结合自身实际情况选择变现途径。这就需要了解快手有哪些变现方式，以及有些用户为何能成为红人，他们是如何做到的，创作内容时需遵循哪些法则，如何制作视频等。若想在快手上赚钱，就需要带着这些问题去寻找答案。

快手的变现途径

快手的变现途径主要有直播打赏、广告引流、招商合作以及线下活动。

直播打赏是主播在直播过程中依靠粉丝刷礼物来赚取收入的一种方式。其前提是主播拥有较高的人气，能吸引众多粉丝来到直播间。粉丝们会通过赠送鲜花、皇冠等虚拟道具来表达对主播的喜爱与支持，其中不乏一些重量级粉丝也会慷慨刷礼物。那么这些礼物如何兑换成现金呢？直播结束后，主播可将收到的礼物进行兑换并提现。不过，平台会从粉丝为主播刷的礼物价值中扣除20%作为税费，剩下的部分则由平台与主播平分。例如，若主播在直播中收到价值100元的礼物，平台扣除20元税费后，剩余80元由平台和主播各得40元。

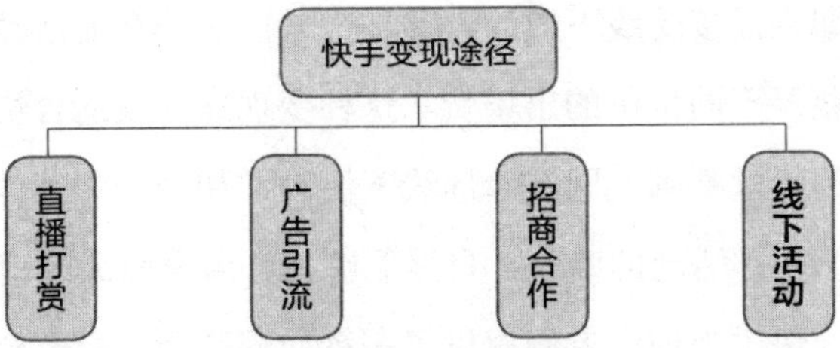

图34　快手的变现途径

广告引流则是借助快手视频为网店或实体店引入流量，进而通过卖货盈利。快手上许多主播都有自己的快手小店、淘宝店、微店或者实体店等。如果主播本身在快手有流量，就可以通过直播的方式进行卖货；要是暂时没有流量，也可以制作小视频来宣传产品，引导看到视频的人找到购买渠道。但无论是直播还是制作视频，都要以产品为核心，同时不能让广告性质过于明显，内容需有趣且具备足够的卖点，当然，物美价廉也是吸引消费者的关键因素之一。

柳柳玩快手已经一年多了，在这期间，她深受用户喜爱，积累了大量粉丝。她经常在快手上拍摄日常生活动态，比如下班回到出租屋做饭的场景，视频中的出租屋干净整洁、布置精美。她热爱做饭，常常分享美食制作过程，展示自己的厨艺，通过这种方式吸引了几十万粉丝关注。她经营着一个快手小店，在没有粉丝基础时，尽管店里的货物都是精心挑选的，却无人问津。而现在，她会将小店商品巧妙地融入视频之中，例如她的小店里售卖柚子茶，在吃饭前她总会为自己冲一杯饮用，这样就激发了粉丝的购买欲望，使得快手小店的生意日益红火，每月仅靠卖货就能收入上万元。

招商合作是指主播凭借才艺等吸引大量粉丝，获得流量后与商家合作接广告来赚钱。此时主播无需有自己的产品，因为成千上万的粉丝就是其“王牌”。由于粉丝对主播的信任，会在主播的推荐下购买商家的产品，所以主播只需协助商家发布广告即可。一般来说，粉丝量越多，接一条广告的要价也就越高。不过在选择商家时，一定要谨慎挑选商品，因为要对粉丝负责，做一个有担当、负责任的快手主播。

线下活动即主播接受线下邀约，参加一些门店的开业活动或者大品牌店的活动，从而获得不同价位的出场费。这种变现途径最适合快手红人，当然也需要有一定的粉丝基础。网红参加线下活动，相当于为其他平台引流，将快手用户推荐给举办活动的商家，自然能够提升商家商品的销售量。

综上所述，快手为创作者们提供了多种变现途径，只要合理运用并不断提升自身的影响力和粉丝基础，就有可能在快手平台上实现可观的收益。无论是通过直播打赏与粉丝互动，还是利用广告引流和招商合作来拓展商业渠道，亦或是参与线下活动增加曝光度，都为快手主播们创造了多元化发展机遇。

快手内容创作的基本法则

在玩快手时，有些人毫无章法地肆意玩耍，把平台当作自家后院，秉持“我的地盘我做主”的盲目心态，结果玩得一团糟。即便发布视频很多，粉丝数量却始终在原地踏步。由此可见，在快手创作内容，创作者务必做到接地气、会说话、讲感情。

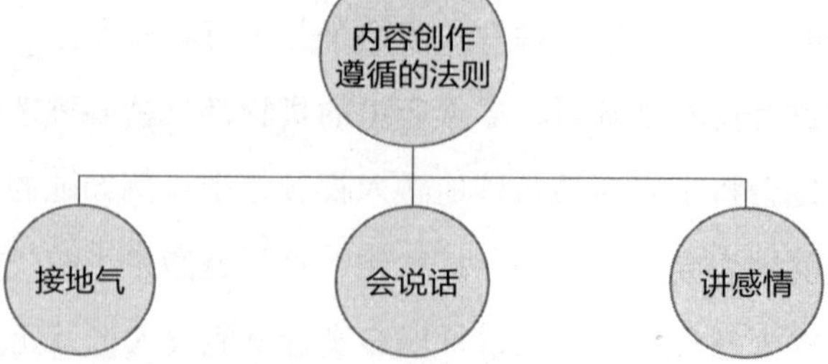

图35　快手内容创作的基本法则

快手的创作内容丰富多样，美食、搞笑、段子、美妆等各类题材任君选择。但无论选定何种类型，都要避免使用那些高大上的词汇。因为这类词汇容易让粉丝产生距离感，仿佛创作者高高在上，难以亲近。正确的做法是，无论是在小视频中，还是直播过程中，言行举止都要让粉丝切实感受到接地气的魅力。

就拿昵称为“最爱你们的狮子王”的快手创作者来说，他深受用户喜爱，粉丝量高达2100万。每次直播，他的穿着都十分朴素，目的就是拉近与粉丝的距离。前段时间，他新收了两个徒弟。有一次，其中一个女徒弟在直播间带货，推荐一款长筒靴时，许多粉丝给出了负面评价，认为靴子不好看。女徒弟顿时失态，开始尖刻地讽刺直播间的观众。“最爱你们的狮子王”发现这一情况后，迅速来到徒弟的直播间，要求徒弟向每一位观众道歉。在他看来，徒弟的行为给人一种居高临下、瞧不起粉丝的感觉。徒弟道歉后，“最爱你们的狮子王”还在直播间耐心地给徒弟做思想工作。他的这一处理方式，让直播间的观众心生敬佩。经此一事，粉丝们更加觉得“最爱你们的狮子王”接地气，对他的信任也愈发深厚。

快手的内容创作者还要学会说话。由于每个小视频时长有限，若内容需要加入声音元素，那就得确保每个字都能引起观众的共鸣，每一句话都能说到他们心坎里。只有这样，才能吸引大家的关注，让他们期待你下一次的作品。

此外，快手主播要讲感情，把粉丝当作真正的朋友。我们常常能在一些小视频中看到，主播邀请粉丝到家里做客，紧接着下一个视频就是粉丝受到盛情款待的画面。人与人之间的感情是相互的，你若以真心待人，他人也会真诚回报。

在快手这个充满活力的平台上，创作者只有真正做到接地气、会说话、讲感情，才能赢得粉丝的喜爱与支持，让自己的创作之路越走越宽。

如何制作快手小视频

快手用户发布的小视频能否走红，用心制作至关重要。那么，究竟该如何制作呢？

首先，应致力于制作原创视频。有些用户发布的视频质量颇高，原因在于他们采用相机拍摄、手机剪辑的方式。相机拍摄的视频在声音和画质方面表现出色，再借助手机软件进行剪辑，效果更佳。在制作原创小视频时，需要明确自己的视频针对哪类群体，是希望为快手账号增加男性流量还是女性流量。若想吸引男性流量，可通过发布女性视频、汽车相关内容或游戏教程等来吸引粉丝关注；若要增加女性流量，美妆、美食烹饪等视频则是不错的选择。

需要注意的是，如果自身擅长某方面的技艺，如美妆技巧、游戏攻略或美食烹饪等，便能凭借专业内容吸引粉丝关注。若并非某一领域的达人，不建议随意尝试，因为缺乏专业知识，用户可能会觉得视频没有价值。

以小王为例，他期望通过快手增加男粉丝流量。在快手上，要想快速有效地吸引粉丝关注，制作原创视频是关键。小王生活在一线城市，他家附近经常举办车展。于是，他带着相机前往车展现场进行实地拍摄。在征得同意后，他开始拍摄车模和展示的汽车。同时，他密切关注本地车展新闻，将关键信息融入视频标题中。

经过一段时间的努力，小王的男粉丝数量增加了几十万。粉丝们还在评论区询问一些关于汽车的问题，小王会将自己所知的内容回复到评论区，并时常与粉丝互动。如此一来，他的粉丝越来越多。

快手的变现途径为用户在平台上的奋斗指明了方向；快手创作内容需遵循的法则让用户明白如何赢得粉丝信任；快手小视频的制作方法则帮助用户掌握快速赚钱的技巧。

总之，任何人若想通过玩快手赚钱，都需学会这些基本操作。身处互联网时代，我们应跟上时代步伐，学习更多技能，从而赚取更多财富。

第 14 课

在京东、闲鱼、淘宝客上月入过万

互联网流量发展已至高峰，众多平台难以再引入新流量。对于电商来说，在原有平台纵向发展、吸引流量变得极为艰难。受拼多多影响，电商们纷纷推出分销机制，在京东、闲鱼和淘宝客等平台展开分销。

分销机制即通过流量扩展，给身边人分享好物，同时为自己带来收益。若掌握一定方法且推荐能力强，月入过万并非难事。

或许有人会疑惑，通过分享好物获取收益，其保障何在？此时，京东、闲鱼、淘宝客等平台发挥了作用。它们会依据销售额制定费用机制并分配佣金。电商相当于这些平台的销售员，也称买手或小程序分销电商，最后根据业绩赚取底薪与提成。只要掌握技巧，便能多劳多得，实现收益增长。

那么，怎么才能做好京东、闲鱼、淘宝客的买手呢？需要掌握三个要点：第一，要选择大品牌的合作平台；第二，要选择有效的经营平台；第三，要遵循内容创作的原则。

选择大品牌作为合作平台

选择大品牌平台是明智之举，因为这些平台的售后、物流及商家均经过专业人士的严格筛选。以京东和淘宝为例，它们各自拥有独特的品牌价值，在商品销售上遵循一定的原则。闲鱼作为阿里巴巴旗下的一员，与京东、淘宝等分销平台有所不同，它专注于二手商品的转让，要求用户自行上传使用过的商品信息。选择大品牌平台意味着你可以信赖其强大的鉴别能力，从而避免被误导或遭遇不可控风险。

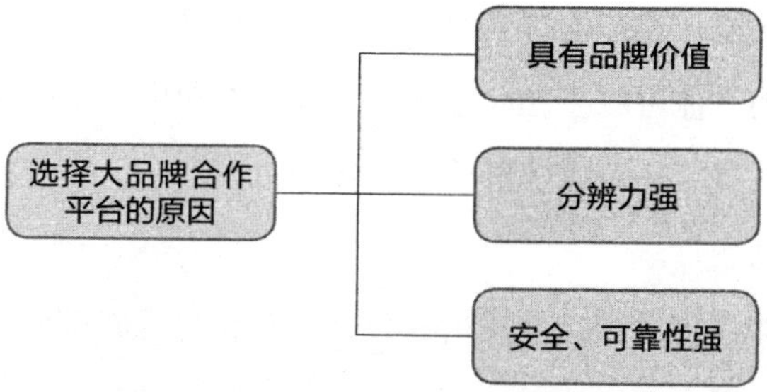

图36　选择大品牌合作平台的原因

小姗的一位好友经常在朋友圈分享她亲自试用过的日常用品。交谈中，小姗得知好友不仅通过京东平台购买了性价比高的商品，还能从中盈利。整个过程操作简便，资金提现迅速。这让小姗也萌生了加入这一行列赚钱的想法。一次，朋友还邀请小姗参观了公司。在那里，小姗发现公司拥有一套完整的运作流程：有人专门负责选品，有的负责物流配送，还有的负责处理售后服务等事宜。据透露，该公司月收入可达数百万元，其中包含了支付给买手的费用；对于能力强的买手来说，每月甚至能获得上万元报酬。参观过后，小姗认为这家公司十分可靠，于是在朋友的推荐下成了一名分销电商，并由此踏上了自己的创业旅程。

选择经营平台

当你选定了大品牌的合作平台后，接下来需要思考的重要问题便是：该在何处开启自己的营销之路？这实际上就是在明确你所经营的平台。微信订阅号便是其中一个颇具潜力的经营平台。因此，平日里需用心经营自己的微信订阅号，精准定位人设。倘若你能将微信订阅号经营得十分出色，便能够为粉丝推荐各类日常用品，像美味食品、纸巾、洗发水等。相信在你良好形象的感染下，大部分粉丝都乐意购买你推荐的商品。

此外，若你的微信好友数量达到几百甚至上千，那么还可通过多种方式在微信端营销商品。比如发布朋友圈来营销商品，此时关键在于发布的内容既要具备促销功能，又不能让受众产生反感。另外，还可以与微信好友进行一对一对话营销，你可以主动联系好友，或者在对方主动咨询时，给予其令人满意的答复。最后还可以建群营销，即通过发红包、朋友推荐朋友等方式在群里销售商品。

那么，该如何打造自己的微信账号，实现快速涨粉呢？你可以开拓新媒体渠道，从其他平台引入流量。例如，在当下热门的抖音和快手平台吸粉就是不错的选择。如果你具备较强的创作内容能力，便可以在这些平台通过拍摄小视频来“种草”。比如，短期内你想销售纸巾，就可以拍一段富有创意的搞笑视频。在拍摄过程中，务必要突出纸巾质量好、价格低的优势，从而激发大家的购买欲望。

小松就经常在抖音上给奶奶拍小视频，后来他与一家大品牌平台达成了合作。作为这家公司的分销电商，他每天都靠卖货赚钱。有一天，公司提前通知，两天后将销售橙子，而且价格十分诱人。公司还提前给小松寄送了样品让他品尝。小松尝过后觉得橙子味道不错，便想将其推荐给更多的人。这样不仅能让自己赚到钱，还能让大家都能品尝到如此美味的水果。

由于这批橙子的量较大，仅靠微信现有的人群来销售远远不够，于是小松想到了在抖音上吸粉。他带着拍摄小视频的设备来到奶奶居住的地方，奶奶养了一条小狗叫小橙子，她对它喜爱有加。小松在奶奶不知情的情况下，悄悄把小狗藏了起来，然后自己拿着橙子吃了起来。吃的过程中，他还巧妙植入广告，称橙子非常好吃，价格又优惠，如果大家想买，可以加他的微信，他会告诉大家如何购买。奶奶看到他吃得津津有味，直流口水。而小松吃的时候还不停地念叨：“这小橙子真好吃！”这句话让奶奶一下子想起了自己的小狗——小橙子，慌忙四处寻找起来。

就这样，短短一分钟的小视频吸引了大量粉丝，很多人都添加了他的微信，并购买了橙子。

对于分销电商而言，建群更有利于商品的销售。因为一对一营销和发朋友圈营销很容易引起他人的反感。所以，可以专门建立一个群，拟定一个专业的昵称，比如京东内购群、淘宝内购群等，通过进群领红包或平台做活动等形式吸引好友进群。一个专业性强的群昵称，能够增强好友的信任度。

若想让更多人进群，还可以采取加群免费赠礼品，或者通过好友推荐给好友发红包的方式，让你的营销群不断有新人加入。需要注意的是，当群里有陌生人加入时，作为群主，你一定要提示群成员保护好个人隐私，不要轻易相信他人，更不要给任何人转账，要时刻提醒大家谨防上当受骗。

遵守运营原则

在当今的电商领域，分销电商的宣传推广方式多种多样。其中，在朋友圈发文案是常见的分销手段之一。这些文案大多由公司精心撰写编辑，不过，若分销电商自身具备创作文案的天赋，也完全可以将自己的创意成果分享到朋友圈。倘若拥有一个或几个上百人的群，把文案发送到群里也是个不错的选择。

在发送文案时，有一个重要的注意事项，那就是要巧妙改变说话的语气，以第一人称的方式去展现内容。在这个过程中，必须让微信好友清晰了解所推荐的产品，让大家能够自行衡量与对比，进而再决定是否购买。

小贾就在自己的微信里创建了一个淘宝内购群，她时常在群里为大家推荐各类大牌化妆品。有一次，她又像往常一样推荐了一款化妆品。这次发送到群里的文案是公司事先设计好的，采用第一人称口吻，推荐的是一款BB霜。小贾还细心地告知大家，皮肤偏白、暗黄或者偏黑的人分别适合哪个色号。

这时，群里一位女士表示自己是孕妇，怀着宝宝，皮肤状态不太好，想问问该用哪个色号。小贾听闻后，立刻诚恳地告诉这位准妈妈，不建议她使用这款BB霜，因为其刺激性相对较大，而准妈妈专用的BB霜在配方等方面是有所不同的，一般人使用这款BB霜是没有问题的。这位准妈妈听取了小贾的建议，最终没有购买。

从这以后，这位准妈妈对小贾十分信任，经常在小贾的推荐下购买商品，而且这些商品的质量都相当不错。

分销电商在推荐产品的过程中，要让用户真切感受到自己是在为大家分享亲身使用过的好物。同时，还要巧妙地控制大家的购买欲，让用户觉得你是真心在为他们着想。

例如，在某些主播的直播间里，主播凭借自身的专业和真诚，深受粉丝信赖。他们在直播中会亲自试用或试吃产品，然后真心实意地跟大家分享感受。当很多粉丝觉得产品很不错，纷纷想要购买时，主播会善意地劝说大家，需要的就买，不需要的不要冲动消费，要理性控制自己的购买欲。

我们可以学习这种分销方法，在群里为大家分享好物时，不要一味地催促大家购买某个商品，而是要顺其自然，让真正有需求的人去购买。此外，还可以在朋友圈里进行生活化分享，比如分享一些漂亮的图片、情感故事、个人经历以及美好的生活点滴，这同样是一种能够与用户拉近距离的有效分享方式。

前面主要讲述了京东与淘宝的赚钱方法，接下来再看看闲鱼的赚钱模式。闲鱼与前两者稍有不同，它主要以售卖二手商品为主。如果你有穿过的品牌衣服、鞋子或者使用过的背包等物品想要出售，闲鱼平台就是一个不错的选择。在闲鱼上把自己不再需要的东西转手卖掉，这个过程被形象地称为“回血”。

或许有人会疑惑：自己使用过的东西，真的会有人愿意购买吗？事实上，确实有很多人愿意购买，这就是网络时代赋予这一代人的新消费观念。如果自己的二手商品卖完了，还可以从身边的亲人或朋友那里回收他们闲置的物品，然后再放到闲鱼上出售。

小曼就是个很好的例子。她经常在网上购物，有一次，某品牌化妆品做活动，买一送一，小曼觉得价格合适就下单购买了。等化妆品邮寄到家后，小曼发现自己有一套就够用了，另一套便想着出售，可又不好意思直接卖给身边的人。

这时，她的好朋友给她推荐了闲鱼，建议她把另一套化妆品放在上面售卖。小曼下载了这款软件后，按照提示将化妆品上架。没过几天，这套化妆品就顺利卖出去了，拿到钱的小曼别提多高兴了。

之后，小曼开始深入研究闲鱼的运营模式。她觉得可以在闲鱼上专注于化妆品的二手交换业务。于是，她从朋友、同事那里收购他们多余的化妆品，再放到闲鱼上出售。这样一来，既帮助大家减轻了负担，自己又能获得一定的利润，在闲暇之余还能赚到钱，可谓是一举多得。

在闲鱼上经营，需要专注于某个垂直领域。比如你擅长闲置衣服的买卖，那就专注做好衣服的营销；如果你有闲置的首饰，就把首饰领域做精；要是你专注于闲置的休闲娱乐器材，那就在这个领域深耕细作。总之，无论选择哪个领域，都要从一开始就明确定位好自己的账号。

总而言之，若想成为一名高收入的分销电商，选择大品牌平台至关重要。只有这样，你才能充分发挥自身优势，拥有广阔的上升空间；懂得在合适的平台运营，你才能够大展拳脚，让好产品大卖特卖；严格遵守运营原则，你才能在发展道路上保持清醒，避免迷失方向，真正实现月入过万的目标。

为此，深入学习京东、闲鱼、淘宝客的运营方式是非常关键的。当然，实践出真知，只有在实际运营中不断摸索、尝试，才能真正掌握其中的门道。最后，别忘了将自己的成功经验分享给身边的人，共同进步。

• 第 15 课 •

写作赚钱的秘诀其实很简单

有些人文笔不错且爱好写作，不妨将这个一技之长与新媒体相结合，既能充实自己和他人的生活，又能带来丰富的精神享受。

过去，没有网络时，写作者持笔在纸上挥洒文采。如今互联网发达，写作者会依据平台受众的特征尽情创作。有人选择头条写作，有人钟情微信写作，还有人偏好微博、小红书等平台写作。

若你文笔不错，便可挑选适合自己的平台发布文章。如此一来，既能展现才华，又能凭借自身能力获得相应报酬，何乐而不为呢？

写作不光是选择平台这么简单，还需要区分场景。写作分为三个场景：第一是做自媒体，第二是写网文、写小说，第三是其他写作场景。无论你选择哪个场景写作，都应注意相关要点。那么，不同的写作场景都应该注意些什么呢？

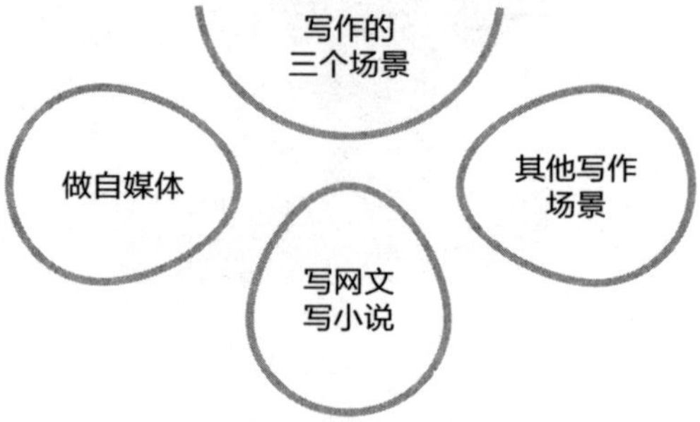

图37　写作的场景

做自媒体的注意事项

在自媒体蓬勃发展的当下，越来越多的人投身其中。然而，要想在众多自媒体账号中脱颖而出，并非易事。做自媒体，关键在于不断探寻专业领域和精准定位目标，一旦明确方向，就要持续往其中填充优质内容。在这一过程中，有三点尤为重要，即追热点、埋热词以及给干货。

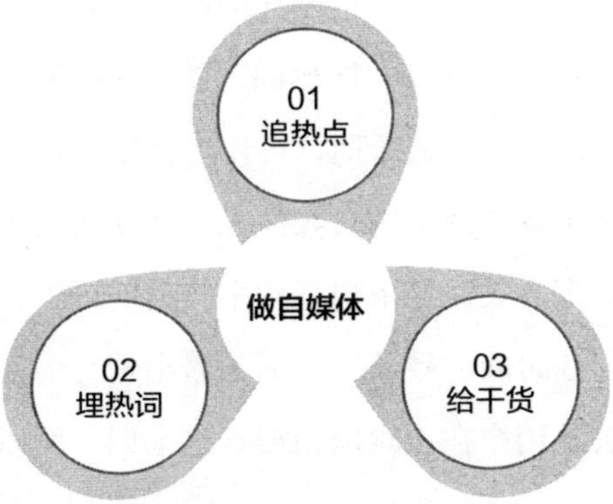

图38　做自媒体应该注意的三点

追热点是自媒体写作的重要技巧之一。对于写作者而言，把握热点的追击时机至关重要。在创作内容时，若能巧妙把握热点，往往能带来可观的流量。毕竟，流量与收入紧密相连，流量的提升通常意味着收入的增加。热点分为可知热点和不可知热点。可知热点如传统节日、重大赛事等，这些是能够提前预知并做好准备的；而不可知热点则像一些突发事件、娱乐圈的新闻等，需要我们时刻保持敏锐的洞察力。此外，网络上的热门影视作品等也是不错的热点来源。

“蓝小姐和黄小姐”这个微信公众账号就很好地诠释了追热点的妙处。两位女生作为报社记者，生活有品质且气质出众，她们共同经营账号，内容丰富多样。前段时间，蓝小姐写了香港的故事以及赌王的事迹，当赌王的长孙出现在公众视野中时，她迅速抓住这一热点，以新闻笔法详细讲述了赌王的一生，甚至连其家人关系都介绍得清晰明了。许多人对这类话题充满好奇，纷纷打开文章阅读，觉得有趣后便广泛转发，使得该账号的流量大幅增长。

热词是自媒体网络中特定时期内流行于微博、博客、微信、个人主页等即时通信工具上的热门词汇。在自媒体写作中，“埋热词”是一种常见且有效的方式。创作者在内容中恰当加入热词，系统会据此判断，从而增加文章上热门的机会。使用热词和不用热词创作的内容，在传播效果上往往存在很大差异。不过，需要注意的是，“埋热词”要把握好时机，搭好热度的便车才行。如果一个热词已经过了流行期，再使用就难以获得高推荐量了。

小刘就是一位善于运用热词的自媒体人，他在头条上创作的文章备受欢迎。每次写作前，他都会关注当下出现频率较高的词汇，并将其巧妙融入标题和文章中。比如前些时间“硬核”一词频繁出现，他便及时将其运用到自己的文章里。由于头条用户在该时段会搜索这个词，所以相关文章获得了大量流量。

小刘的热心肠让他愿意将自己的经验分享给其他自媒体朋友。他不仅教大家如何获取更高的流量，还传授搜索自媒体热词的方法，比如从热点平台寻找热词，并强调找到热词后要及时运用，否则就会错失良机。

给干货则要求写文章时直入主题，避免废话连篇。因为读者最关心的是文章内容是否有深度、是否有用。只有提供有价值的信息，让受众群体能够清晰接收到有用内容，才能吸引他们的关注和认可。

总之，做自媒体需要在明确专业领域和定位目标的基础上，巧妙追热点、合理埋热词、用心给干货，这样才能在自媒体的浪潮中站稳脚跟，收获更多的关注和支持。

写网文、写小说的注意事项

在网络文学发展的今天，网络小说犹如一颗璀璨的明珠，散发着独特的魅力。其中，有扣人心弦的精彩片段，有大开大合、跌宕起伏的情节，更有触动心灵、感人至深的故事。网络小说作为在传统文学基础上诞生的优秀产物，已然成为互联网中不可或缺的文化现象，备受人们喜爱。

不同的作者有着各自钟情的创作领域，有的人沉醉于悬疑小说那扑朔迷离的氛围营造，有的人痴迷于历史小说所蕴含的深厚底蕴，有的人则热衷于武侠小说中的快意恩仇……有趣的是，在这些作者背后，许多人都有着一份正式的工作。如此一来，在工作之余投身网络小说创作，既能满足自己的创作热情，又能赚取一笔额外收入，这无疑是一举两得的美事。当然，也不乏一些人凭借写网络小说就获得了相当不错的收入。

那么，在踏上网络小说创作之路前，需要注意哪些问题呢？

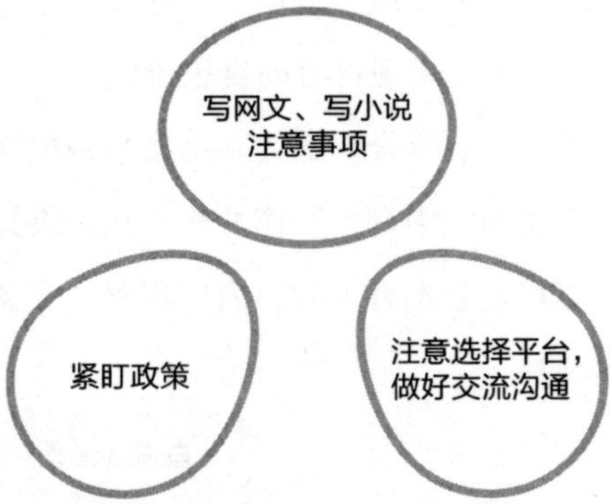

图39　写网文、小说的注意事项

首先，要紧盯政策。这意味着需要时刻关注国家提倡或出台的各项政策，并巧妙地通过网文或网络小说将这些政策形象生动地展现或表达给广大受众。敏敏就是这方面的一个典型例子。她最初热衷于写现代剧，前期也做了宣传，用心完成了一部作品，然而却遭遇了无人购买版权、没有影视工作人员找上门的尴尬处境。后来，她敏锐地察觉到穿越剧较火，便转而创作穿越剧。当广电部门对古代剧、古典剧和穿越剧有所限制时，她又果断抓住时机，开始在网上大力推广现代剧。果然，众多影视工作者纷纷找她合作，她还结识了剧场的品牌总监。这位总监的经历也让敏敏深受启发，拿出几年前压在箱底的作品，因当下这方面作品比较少而变得炙手可热，身价暴涨。

其次，要注意平台的选择，并积极与一些优秀的群体交流沟通。对于网络小说创作者来说，好的文化公司和出版社就如同优秀的主播公会一般，能够给予政策上的引导和思路上的启发，帮助创作者进行策划。所以，选择优质的出版平台并与之保持良好的沟通交流至关重要。

此外，做好内容累积也是关键。很多人写网文不仅仅是为了赚钱，更是源于内心的热爱。当他们选择自己喜爱的领域进行创作时，写出来的作品往往更具感情色彩，也更容易赢得读者的喜爱。比如，喜欢悬疑故事的人会积累相关题材，再加上丰富的想象力进行创作；钟情玄幻小说的则会积累玄幻题材后着手创作。因此，在紧盯政策的同时，还要精心选择合适的题材，用心创作出优质内容，如此才能实现自身的真正价值。

其实，其他写作场景只要符合自媒体和网络小说创作的注意事项，同样能够写出好文章并实现盈利。毕竟，写作的核心在于将知识变现。若想通过写作赚钱，做好内容累积是必不可少的。内容积累主要涵盖自媒体场景、网文场景以及其他写作场景。

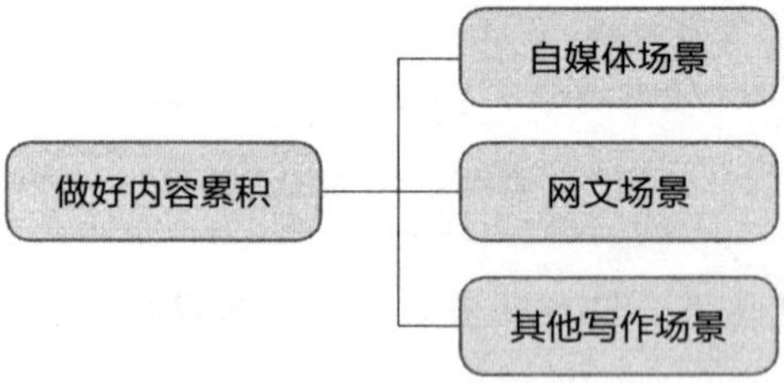

图40　内容积累的三个场景

自媒体场景的内容累积

在当今的网络时代，写作成为许多人追求知识变现的途径。而要想在写作领域有所建树，内容累积是至关重要的一环。不同的写作场景，有着各自独特的内容累积方法。

先来看自媒体场景下的内容累积。在这个领域，首先要明确自己接触的具体方向，找准定位后再去有针对性地收集内容。例如，若专注于设计类网站的创作，优美图片的收集就是基础工作之一。此时，花瓣网就是一个不错的选择。在花瓣网上，丰富多样的设计素材应有尽有。找到心仪的图片后，将其保存到浏览器上，操作简便快捷，为后续的创作积累了丰富的视觉素材。

网文场景的内容累积

网文场景对于内容积累的要求则更为严苛。网文创作需要作者拥有丰富的精神世界和广阔的知识面。因为只有具备这些，才能构建出引人入胜的故事世界。比如，若要创作一篇科技创新主题的网文，就必须深入了解科技创新领域的相关知识。这时，浏览一些专业的科技媒体网站就显得尤为重要，像36氪、虎嗅、钛媒体等都是不错的信息源。作者可以先在浏览器上创建一个名为"科技媒体"的文件夹，然后将从这些网站搜索到的有价值的内容整理保存其中。同样，若是要撰写品牌策划类现代剧，就需要关注新媒体和品牌创意方面的内容，创建相应的文件夹并保存相关资料。总之，无论创作何种内容的网文，都要对相关业务有深入的了解，如此才能写出内容丰富、情节精彩的作品。

前段时间，穿越剧风靡一时。小文作为一名网络作者，也想抓住这个热点创作一篇穿越剧网文。然而，要写出情节合理、符合逻辑的穿越剧并非易事。穿越剧虽然可以凭借丰富的想象力在架空的历史时空中自由驰骋，但真实的历史始终是其根基。如果不依据真实历史进行创作，就很难与读者产生共鸣，作品也难以获得读者的喜爱。小文计划让主人公是一个女孩子，穿越到清朝乾隆时期。为此，她查阅了大量关于这个时期的历史资料，并精心整理后存放在之前创建好的文件夹中。她还会反复研读这些资料，梳理相关内容，为穿越网文的创作做足准备。

其他写作场景的内容累积

除了自媒体和网文创作，还有其他多种写作场景，如微头条、微博、小红书等平台的短图文创作。在这些场景中，需要收集相关的图片和短文。图片可以从各大平台筛选，短文则可以收集一些经典语录或精彩语句。比如你是一位小红书上的美妆博主，平时就可以注重拍摄各种细节，给口红来个特写，或者记录其他美妆时刻。如果当天做了美甲，手部状态极佳，就可以多拍些图片，提前收藏到文件夹中。这些看似琐碎的细节，实则是实现变现的重要方式。

网上写作大致可分为自媒体、网文小说以及其他场景这三类。若想依靠写作实现知识变现，首先要选定适合自己的写作场景，明晰各场景的注意事项，并根据不同场景的特点进行有针对性的内容累积。只有这样，才能为自己写好文章打下坚实基础，创作出优美的作品，最终实现写作的价值，让知识真正变现。

• 第 16 课 •

教你四招，把读过的书变成钱

“书中自有黄金屋，书中自有颜如玉”，自古以来，人们便笃定好好读书便能出人头地，实现人生成长。古时，书生苦读以求考取功名；现代社会，众人勤奋向学期望奋发图强；而到了互联网时代，更有人凭借读书获取可观收入。那么，在网络时代，究竟该如何通过读书赚钱呢？

在互联网时代，做自媒体的人常常会提前阅读书籍，随后录制时长60分钟的长视频，为大众讲解书中的主要内容。在讲述过程中，他们会融入自己独特的观点与看法，而这些观点往往能引发用户的共鸣，深受粉丝喜爱。如此一来，流量得以增加，读书者自然也就有了赚钱的机会。

如今，抖音、快手等平台很受欢迎，人们从小视频中能够学到许多知识。有些人原本以为，在网络时代，通过读书了解时事、获取知识的人数会减少，然而事实却恰恰相反，读书人数逆势上扬，备受用户青睐。许多在读书领域颇有造诣的人纷纷现身自媒体平台，分享自己的读书心得。

樊登老师便是其中的佼佼者，很多人都听说过他，或许也看过他录制的读书小视频。为了鼓励更多人读书并从书中汲取知识，他特意创立了樊登读书会，与大家分享自己的读书感悟，甚至喊出“你有多久没读过书了”这样的口号。听到这句话，人们不禁反思：“是啊，我究竟有多久没有静下心来读书了？”由此可见，将读书与自媒体相结合，是一种明智之举。这样一来，我们就不会只是刷着小视频，消耗着流量，为他人“充电”，而眼睁睁看着别人赚钱了。

那么，读书究竟能创造哪些价值呢？当你读完一本书后，是否愿意将自己从书中获得的感受分享给他人？是否愿意站在自己的角度对这本书进行评价分析？是否乐意为大家介绍这本书的价值？是否想把自己从书中学到的知识讲给对这本书感兴趣的人听？又是否能够将书中的知识转化为课程，从而树立起自己的个人形象呢？

在互联网时代，你无须担忧读过的书没有展示的空间。众多大平台都为你提供了机会，你可以通过运营自媒体、打造个人品牌、成为讲书人、化书为课等方式，充分展现自己的才华。只要你愿意选择一个优质的平台，这些途径都将是你通往成功的康庄大道。

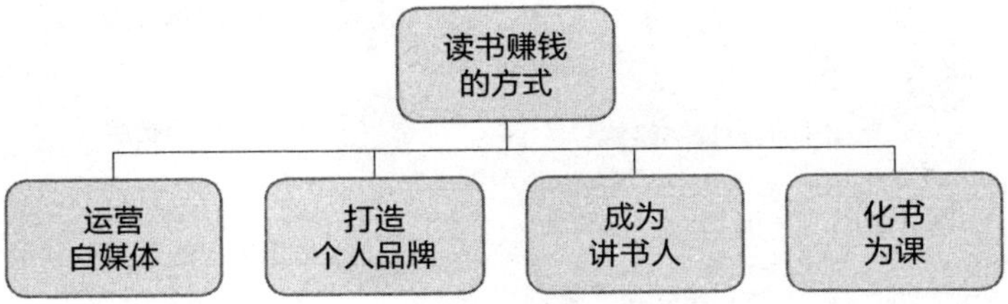

图41　读书赚钱的方式

近几年，在直播平台做读书号已经深受广大用户欢迎。平日里，我们拿起一本书，少说也要花一个月的时间才能读完，有时甚至需要小半年来细细品味一部名著。而在网络发达的今天，人们的读书时间大大缩短，只需60分钟就能读完一本书。更令人惊叹的是，当你打开抖音或其他自媒体平台时，竟然能在短短60秒内了解一本书的大致内容。在这短暂的60秒里，主播能够提炼出书中的一两个要点或概述核心观点。如果人们对这些知识点产生兴趣，便会萌生阅读这本书的欲望。当越来越多的人想要去读这本书时，就会掀起一股读书学习的热潮。分享读书心得的人不仅能通过提升流量赚钱，还可以通过出售相关图书获利。

如果你也渴望通过读书赚钱，那么首先要学会快速读书，因为这并非毫无门槛。众所周知，互联网的出现让一部分人逐渐失去了读书的习惯。所以，若你想依靠读书赚钱，就要引导大家重新认识读书的重要性。当然，读书人也扮演着帮大家读书、在短时间内传递书中主要内容的角色，从而为自己争取到成为职业读书人的机会。正因如此，许多职业读书人都投身自媒体，以此展示自己的才华。

那么，读书人具体是如何靠读书赚钱的呢？首先要找准自己感兴趣的领域，然后学会提炼重点和要点，最后发表自己的观点，与粉丝积极互动，从而实现知识的变现。

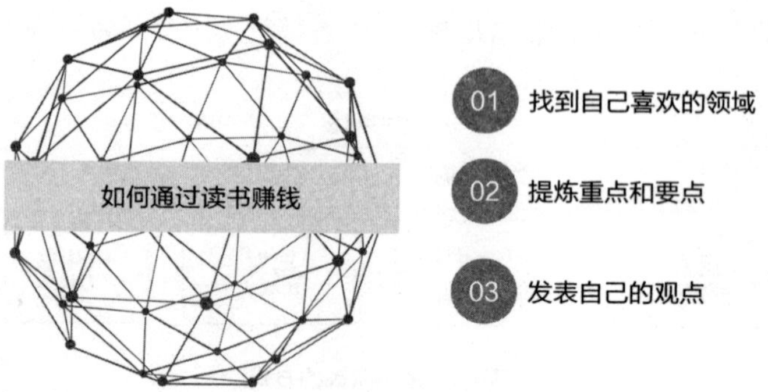

图42　通过读书赚钱的方法

找到自己喜欢的领域

在阅读的广袤世界里，人们的喜好各不相同。有的人钟情于悬疑类型的书籍，沉浸于那扑朔迷离的情节中；有的人热衷于成功学类型的书籍，渴望从中汲取奋进的力量；有的人偏爱感情类型的书籍，在细腻的情感中找寻共鸣；还有的人喜爱言情类型的书籍，沉醉于浪漫的爱情故事……

倘若你对这些领域中的某一个或几个情有独钟，那便可以做出选择——只要那是你所喜爱的，且你有足够的时间去经营读书自媒体。你可以依据自己的喜好选定领域，为用户精心打造时长60分钟或60秒的视频。这样的视频能够为用户节省了解故事情节的时间，让他们迅速知晓书中的主要人物和关键事件。毕竟，很多人都有这样的习惯，在故事伊始就急切地想知道最终结果，而你所需做的就是巧妙地“剧透”，为这些读者提供便利。

小丽就是一位专注于读书自媒体的创作者，她对悬疑类型的书有着浓厚的兴趣，在做自媒体时便以悬疑小说为主题。她深知，在这纷繁复杂的世界中，悬疑小说浩如烟海，大家往往没有足够的时间和精力去细细品读大量作品。经过调查，她发现许多人都喜欢看刑侦的原著小说。于是，她录制了60秒的短视频，清晰地揭示书中的凶手是谁，随后又拍摄了许多小视频，一步步吸引观众观看她的解读内容。用户在短时间内就掌握了书中情节，由于好奇后续发展，纷纷关注了她，期待着她的更新。正因小丽持续为用户更新悬疑小说视频，她的粉丝数量很快便涨到了几十万，她也通过读书在自媒体领域收获了可观的收益。

如果你投身读书自媒体，选择了自己心仪的领域，就相当于将个人的喜好融入其中。如此一来，你便会充满干劲，勇往直前，充分发挥自己的特长。

提炼重点和要点

在读书自媒体领域，当从业者确定自己喜欢的方向后，接下来的关键便是内容创作。那么，如何做好内容呢？重点在于学会提炼书籍的重点与要点。

随着抖音的兴起，人们的阅读耐心逐渐被消磨。如今，大家期望在短时间内读完一本书，甚至希望在几分钟内，最好一分钟之内就能快速了解一本书的大致内容。若要吸引用户，提炼书籍重点和要点是必不可少的技能。

当向他人介绍一本书时，怎样表述才能清晰又高效呢？记住目录是个不错的方法。通常，目录凝聚着作者最核心的观点，认真讲解目录，三分钟足矣。目录犹如一本书的精华所在，除此之外，还需找出书中的重点章节。对于重要的章节，要专门提炼重点并做简要概述，也就是在基础观点上进一步丰富内容。例如，讲解阿加莎·克里斯蒂的小说时，应着重分析凶手的特点，介绍其相关细节，再适当补充一些内容，这样能让用户快速把握小说的核心。

吴磊就是一位在抖音上颇受欢迎的读书自媒体人。他经常为粉丝解读各类书籍，深受大家喜爱，粉丝数量也持续增长。近期，他发现自媒体实战类书籍备受用户青睐，于是开始专注解读这类书籍。

在讲解其中一本书时，他抓住了书中的重点——利用一周时间冲刺，改变自媒体运营方式，同时做好人设。他详细地为大家讲解要点，比如在这一周里，每天需要完成哪些具体内容。粉丝们通过观看他录制的小视频，轻松学到了书中的重点和要点，无须再专门抽出时间研究书籍。

如此一来，吴磊就像一位导师，引导大家进行自媒体实战，为用户节省了大量时间。他精准到位的解读，更是让他备受粉丝的喜爱。

发表自己的观点

读书人在为粉丝解读书籍时，一定要融入自己的观点，并积极与粉丝展开互动。毕竟，每个人读完一本书后，都会形成属于自己的独特看法和观点。

读书人对一本书所持的观点，通常有两种可能的结果：要么与粉丝的观点相同，要么与之相左。倘若双方观点一致，那么彼此便能迅速找到共同话题。有时，粉丝还会在留言区分享彼此的契合点，这种共鸣能进一步拉近双方的距离。而若观点不同，粉丝往往会发表自己的见解，以此表达对读书人的反驳。其实，这种反驳本身就是与读书人进行交流的一种方式，双方之间的争执同样是互动的一种表现形式。

无论观点是否相符，最终都能让粉丝积极参与其中，对读书人的观点作出评价。只有当粉丝与读书人在平台上实现有效互动，二者之间的交流才会更具价值。

媛媛在抖音上创建了读书会抖音号，她发布的第一个小视频便是呼吁大家读书。她在视频中说：“不读书，我或许就会走上一条与精彩无关的路，长大、打工、赚钱、结婚、生子，人生平淡无奇。但若是读书，便会拥有诸多选择，有机会成为律师、演说家、医生……”这段视频引发了很多人的共鸣，不少人在她的感染下拿起书本开始阅读。然而，也有一些人提出了质疑，在评论区留言称：“我没读书，可日子也过得挺好的，我还开了一家公司呢。”媛媛看到这条评论后，立刻回复道：“并不是说不读书就一定不好，只是读书能为我们带来更多机会，让人生有更多选择。”这样简单的一句话，让许多人心生读书的动力。

还有一次，媛媛为大家解读一本创业书时，又有人提出质疑，认为她是在纸上谈兵，不如脚踏实地在实践中创造奇迹。这次，媛媛回应道：“学习创业的过程，能让你在创业道路上少走弯路。”

媛媛无论解读哪本书，都十分注重倾听粉丝的心声，深入了解大家的心理，并积极与大家交流沟通。她觉得每次与粉丝沟通完毕后，自己都会有一种成就感，内心满是喜悦。

要有自己的性格

在自媒体领域，通过读书来赚钱，不仅需要与粉丝积极互动，更要展现出独特的个人性格。对于做读书类账号而言，拥有属于自己的性格，方能给用户留下深刻印象。就如樊登老师，在用户心中，他是一位管理者和分享者，致力于为大家分享书本知识，期望众人能借助书籍管理自身生活。那么，若是你，又会在账号中呈现怎样的性格呢？

王洛是一位商人，平日里对读书情有独钟，于是入驻抖音平台分享读书心得。他所读之书，多为商业类。起初，王洛便向粉丝表明自己是商人身份，分享书本知识时自然会涉及金钱话题。如此一来，粉丝觉得商人谈钱乃人之常情。在解读书籍知识的过程中，他还传递出一种理念，即让大家对财富要形成客观认知。

王洛的大部分粉丝同样是商人，平日里忙碌于生意，无暇读书，只能在闲暇时分观看王洛发布的小视频或直播，聆听他在短时间内对商业类知识的分享。粉丝们普遍认为王洛是个极具个性的人，跟着他学习，听他解读书籍内容十分靠谱。为表支持，不少粉丝还会在王洛直播时刷礼物。王洛不仅生意红红火火，在闲暇之余，还凭借读书收获颇丰。

综上所述，想在自媒体行业通过读书赚钱，并非难事，但需具备耐心。要经营好自己，先提升阅读深度，找准专属领域，深入理解书本知识，从而赢得粉丝喜爱。同时，要精准把握一本书的重点要点，让用户明晰书的主要内容，明确学习目标，这是关键所在。

若读书赚钱的依托是流量，那就要强化自身观点，积极与粉丝互动，为账号吸引更多粉丝。当然，倘若你的感悟能得到众多人的支持与喜爱，且储备了一定知识量，便可通过写书来获取更多的收益，开启美好人生。这便是读书带来的诸多益处之一。

• 第 17 课 •

给你五个建议，助你成为网络红人

在自媒体迅猛发展的时代，每个人都有机会成为网红，网红没有年龄的限制，只要你能用自己的表演、才艺和正能量打动粉丝，就能成为众多自媒体用户当中的佼佼者，成为网红不是梦。那么，要怎么做才能成为网红呢？第一，录制视频时要搭配爆款音乐；第二，要突出颜值特点；第三，把握好更新视频的频率；第四，展示一些好玩的特长；第五，邀请朋友或其他达人一起互动。

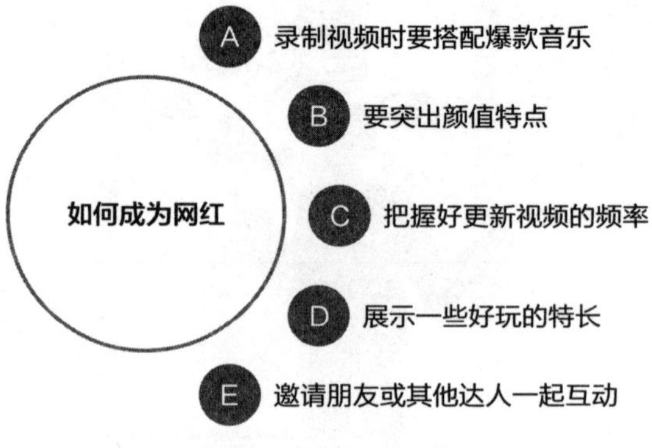

图43　成为网红应知应会

录制视频是要搭配爆款音乐

音乐元素对于自媒体的任一款软件而言都至关重要。若一首音乐在特定时期极为火爆，那么它极有可能在平台上广泛传播。此时，不少人会将其当作视频背景音乐，甚至有些用户会专门为这首音乐拍摄视频。倘若你也能蹭一下热度，借助火爆音乐的烘托，拍摄出一个高质量的小视频，或许就能得到粉丝和官方的推荐，从而拥有更多流量和粉丝。

张华今年55岁，每天都会到成人舞蹈室打扫卫生，大家亲切地称她为张阿姨。一天，舞蹈室的一位老师说："昨晚我刷抖音时，看到张阿姨跳舞了，跳得特别好！"听闻此言，众人特意前往抖音查看。只见张阿姨舞姿优美，虽年过半百，但看上去十分年轻，身材也保持得很好。她时常向舞蹈老师学习跳舞，舞姿活力四射，吸引了众多粉丝。

有一次，她选用爆款音乐《野狼disco》，踩着音乐节奏翩翩起舞，模样略显搞笑。视频发布后，短短几个小时便登上热门。这个带着爆款音乐的舞蹈视频被粉丝们纷纷转发，张阿姨就此成了网红。此后，每次参加节目，总有人邀请她表演这支舞。她深感，即便到了50多岁，也能在互联网时代绽放属于自己的光彩。

要突出颜值特点

颜值特点与账号定位紧密相连。生活中，有些人眉清目秀，比如男士帅气，女士靓丽，这类人往往适合走偶像路线；还有些人清新可爱，穿着风格自然也偏向天真烂漫；另有一些人虽长相与众不同，却十分接地气，同样能收获众多喜爱。总之，在拍摄小视频前，穿着打扮要契合自身气质，这样才能凸显颜值特点，吸引粉丝关注，给他们留下深刻印象。

王铎唱歌十分动听，然而如今他已年近半百，且相貌平平，在他看来，想成为网红简直难如登天。于是，他想出一个办法，录视频时总是身着绿色服装，造型虽各式各样，但衣服颜色始终如一。大家对此感到疑惑，便给他起了"绿衣公子"的外号。后来，王铎得知后，马上将自己的昵称改为"绿衣公子"。令人意想不到的是，很多人甚至开始模仿他，穿着相同颜色的衣服进行拍视频比赛。

自此之后，王铎每发布一个视频，评论区就会有几万粉丝与他互动。随着粉丝数量增多，一些大品牌商家开始在他的视频中植入广告。王铎怎么也没想到，仅仅凭借自己的一个小灵感，竟一夜之间成了网红，还获得很好的收益，他不禁感慨自己实在太幸运了。

把握好更新视频的频率

成为网红的首要条件，就是做一个活跃的内容创作者，即每日坚持更新一至两个视频。原因在于，新潮音乐层出不穷，紧跟潮流发布内容，能有效避免粉丝流失，甚至可能因优质内容而吸引更多关注。在更新视频时，要掌握滤镜技巧，紧跟平台热门歌曲趋势至关重要，一旦歌曲热度消退，便应及时更换，以免显得过时。总之，紧跟平台动态发布视频，是迈向网红之路的关键一步。

御姐作为抖音上的知名主播，以其打动人心的歌声赢得了众多粉丝的喜爱。然而，近期她的嗓子却出现不适，这让她在平台上的活跃度大打折扣，仿佛一条即将跃出水面的小鱼，却因体力不支而暂时沉寂。起初，粉丝们在评论区纷纷催促御姐更新，但她正忙于治疗，无暇回应。经过一段时间的休养，御姐的嗓子终于康复，她再次为粉丝们献上了歌声。然而，此时她却发现，粉丝数量有所减少。

御姐对此表示理解，毕竟长时间未更新内容，掉粉在所难免。但她并未气馁，而是重拾信心，每天精心制作两三个小视频。经过一周的努力，那些流失的粉丝逐渐回归，御姐的付出得到了回报。这一周，对她而言虽充满艰辛，但为了重新赢得粉丝的心，她觉得一切努力都是值得的。

展示一些好玩的特长

倘若你能够创作出各种丰富多样的表情包，倘若你唱歌时能发出悦耳动听的声音，倘若你跳舞时能融入民族舞或现代舞的韵味，那么这些皆可归为好玩的特长……你所具备的这些特长，有些源于先天禀赋，有些则来自后天的勤奋努力。想必很多人都怀揣着一颗童真的心，喜爱玩耍，而若能在玩的过程中融入自己的特长，定会让粉丝眼前一亮，进而与你积极互动。

刘阿姨是一名清洁工。在她年幼时，就对跳舞充满了热爱，然而受限于当时的条件，她一直没有学习跳舞的机会。如今，她跟着一位老师学起了民族舞，有时还会参照电视上明星的舞蹈进行练习。学会跳舞后，刘阿姨每天下班后，都会带着众多老年人在小区广场上翩翩起舞。她一边跳舞，一边让伙伴为自己拍摄视频，并且每天都会发布一些小视频。渐渐地，她收获了大批粉丝，其中多数是老年人，他们纷纷效仿刘阿姨，也跳起了民族舞。很快，刘阿姨便火了起来，粉丝数量越来越多。在刘阿姨拍摄视频的平台上，她凭借上百万粉丝，不仅赚取了可观的收入，时常收到粉丝赠送的礼物，还带领很多人养成了跳舞健身的习惯。

邀请朋友或其他达人与你互动

有的人刚开始拍视频时，由于粉丝数量不多，发布出去的视频往往鲜有人问津，播放量少得可怜，点赞、评论、转发更是无从谈起。那么，这种情况下该怎么办呢？不妨邀请十几个好友，在微信上创建一个群，然后把你的小视频链接发到群里，请好友为你点赞助力。当然，如果你能邀请到所在平台的达人与你一起拍摄一个小视频，那这个小视频就很有可能会爆火，你被推送至热门的概率也会大大增加。如此一来，用不了多久，你或许就能在平台上小有名气。

多亮大叔是一名抖音主播，他相貌平平，并无出众之处，不过唱歌却十分好听。但即便有这一特长，他起初也没能吸引到太多流量。有一天，他在直播时玩随机连麦游戏，仿佛是命运的眷顾，他意外连到了该平台的一位达人。两人有很多共同的话题，一起打比赛，玩得十分尽兴。就在这段时间里，他直播间的人气瞬间高涨起来。许多粉丝还录制了他和达人聊天、比赛唱歌的视频，并发布到各大平台。从此，多亮大叔火了起来，他和达人一起唱的歌也受到了广泛关注。多亮大叔对这位达人心怀感激，也庆幸自己有这样的好运气。

以上方法适用于每一位想在自媒体领域发展的人。而且，要想成为网红，途径还有很多。只要你选对领域，脚踏实地，勤奋练习，无论是唱歌、跳舞，还是其他形式的表演，都有机会在自媒体平台上崭露头角，最终成为某一个自媒体平台的网红。

第18课

教你三招，把爱好变成副业

做自媒体副业，需找准自身优势领域，既涵盖个人特长与工作领域，也包括感兴趣的爱好领域。现实中，将爱好发展成出色的事业非常不易，但在自媒体上相对容易实现。只要掌握方法并付出努力，成功便很可能降临。那么，如何把爱好变为赚钱的副业呢？大致有三个要点：一是坚持矩阵式运营，扩大影响力；二是打造好的表现形式，吸引受众；三是提供实用干货，增强价值。

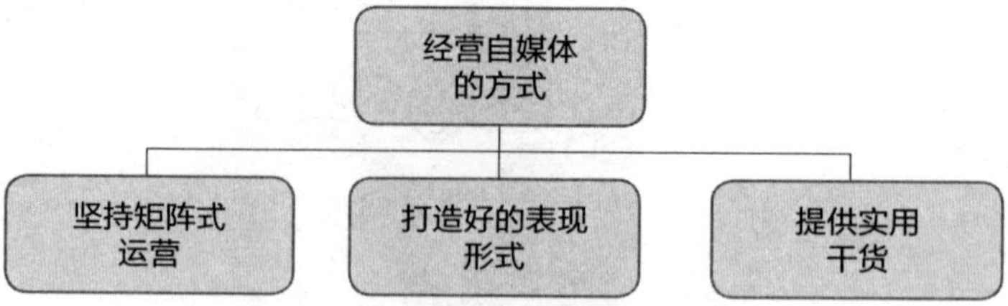

图44　把爱好做成赚钱副业的三个要点

矩阵式运营

在当今这个数字化时代，互联网经济、共享经济蓬勃兴起，人工智能等前沿技术也不断渗透到各个领域，矩阵式运营理论便是在这样的背景下应运而生的。它并不是企业品牌建设、团队运营、战略推广等各个工作模块，或是线上线下各类渠道的简单拼凑，而是深入挖掘企业的自身优势，巧妙地将其与策略制订、管理优化、方法创新以及内容创作等方面紧密结合，进而构建起一个网状的立体营销组合，为企业的持续发展注入强大动力。值得注意的是，矩阵式运营在自媒体领域同样有着广泛的应用，只要能够将自身的管理方法、平台关系等资源进行有效整合，就有可能收获意想不到的良好效果。

在自媒体的广阔天地里，有这样一位达人，他的最大爱好便是制作PPT。凭借着这份热爱，他踏上了自媒体之路，并最终将这一爱好发展成为一家颇具规模的公司，其主营业务就是专注于各类PPT产品的研发。

这位达人在初涉自媒体领域时，并没有局限于单一的平台。他从微信平台起步，随后又拓展到微博，当抖音这一热门平台崭露头角时，他也敏锐地捕捉到机遇，积极参与其中。他在抖音上拍摄了大量关于如何解决PPT制作问题的视频，并运用矩阵式理论来精心经营自己的账号。随着时间的推移，他的账号越做越出色，影响力不断扩大。后来，他还顺势进军出版业，推出了不少PPT教学类的书籍，这些书籍一经问世，便受到了广大读者的热烈追捧。

他的视频内容之所以深受用户喜爱，关键在于其独特的呈现方式。他每次都会采用情景剧的形式，将问题通过情绪化方式表达出来，然后总会有一个“救星”从天而降，迅速解决问题。例如，在一个视频中，一位小姑娘对着镜头满脸苦恼地说：“天啊，我怎么也做不出一个漂亮的圆框图！”就在这时，隔壁的小哥哥如同英雄般出现，说道：“别着急，我来帮你。只要这样轻轻一拉，这个图就变成圆的啦。”这种生动有趣的表现方式，让用户在轻松愉悦的氛围中学习到了PPT制作的技巧。

经过长时间的耕耘，这位自媒体达人成功培养了用户良好的观看习惯。大家深知，在观看他的视频时，出现的问题总会在随后得到快速解决。因此，粉丝们始终密切关注着他的账号，期待从他那里获取更多的解决方案。

能把做PPT这一爱好发展成为一家大公司，这位自媒体达人的能力着实令人钦佩。而分析其成功的关键因素，矩阵式运营功不可没。由此可见，一个账号的运营方式对于自媒体的发展至关重要。我们在从事自媒体创作时，应当积极借鉴这种成功的运营模式，或许就能取得意想不到的优异成绩。

然而，在自媒体领域，也有一些人持有不同的观点。他们认为，做好自媒体并不一定要采用矩阵式运营，毕竟一个人的精力是有限的。只要认准一个平台，以相对简单的方式进行深耕细作，同样能够取得不错的效果。在某些情况下，专注于一个平台进行深耕，确实可能会获得良好的收益。但我们必须清醒地认识到，自媒体行业的发展日新月异，形势瞬息万变。如果一个平台无法满足我们的发展需求，那么我们就需要考虑采用矩阵式运营，以适应不断变化的市场环境，确保自己在激烈的竞争中存活下来。

就拿王兰的例子来说吧。最近，看到身边不少人的自媒体事业做得风生水起，王兰也心动不已，决定投身其中。在经过一番简单的了解后，她注册了某短视频平台的账号，打算从这里开启自己的自媒体之旅。她选择的这个短视频平台，只需要每天发布自己的视频即可。

起初，王兰在视频创作上投入了大量的精力。她拍摄的视频既有自己学习的段子，又融入了个人的创意元素，因此深受用户的喜爱。短短几个月的时间，她便收获了一大批忠实的粉丝。

但随着时间的推移，其他短视频平台如雨后春笋般不断涌现，并且越来越火爆。在这种情况下，朋友们纷纷劝王兰调整自己的运营模式，借鉴矩阵式理论的精华。然而，王兰却不以为然。尽管她已经明显感觉到自己的流量在逐渐减少，但她仍然坚持认为自己的运营模式没有问题。她说道："我的精力有限，不想花费心思去搞那些复杂的运营。我的要求不高，只要能维持现状就好。"

可是，在竞争激烈的网络世界中，就如同逆水行舟，不进则退。一成不变的运营模式很快就跟不上时代的步伐，王兰的粉丝数量越来越少。直到此时，她才意识到问题的严重性，决定开始学习新的运营方法。然而，此时的自媒体行业早已发生了巨大的变化，新的自媒体达人不断涌现，人们也逐渐淡忘了曾经辉煌过的她。尽管王兰仍在不懈努力地学习，但想要重新找回昔日的辉煌，却并非易事。

从王兰的经历中，我们可以深刻地认识到，自媒体行业的变化速度之快令人咋舌。我们不能仅仅固守某种简单的运营方式，而应当积极拥抱变化，采用矩阵式发展的策略，打造立体的营销组合。只有这样，我们才能紧跟网络发展的步伐，避免被时代的浪潮所淘汰，从而在自媒体的道路上取得成功。

表现形式很重要

在自媒体的广阔天地中，好的运营方式固然重要，但与之相匹配的优质内容同样不可或缺。倘若能将自己的爱好精心雕琢成出色的内容，再搭配有吸引力的表现形式，便有机会吸引大量流量，进而留存粉丝群体，最终实现粉丝向盈利的转化。如此这般，把个人爱好发展成一家运营公司，乃至推向资本市场，也并非遥不可及的梦想。

有这样一个人，他对自律有着独特的热爱，具体表现为通过100天的努力来养成一个好习惯。为了将这一爱好发扬光大，他敏锐地选择了自媒体这个平台，发起了颇具影响力的“100天行动”。在运营策略上，他采用了矩阵式经营模式，不仅拥有微信公众号、微信群，还设有个人号。如此一来，用户能够通过这三个平台与他进行互动，踊跃参与到“100天行动”之中。

他的内容格式堪称精妙。他会精心梳理用户参与“100天行动”的各种特点，包括他们的感想、目标等，并将其写成推文。而且，推文的内容格式保持固定，这使得众多用户在阅读时能够感受到一种清晰的逻辑和节奏。许多人在看完这些推文后，深受激励与启发，纷纷关注他，并积极投身到这场行动中来。凭借着对爱好的执着与出色的内容格式，他成功吸粉无数，最终实现了流量变现，收获了实实在在的成长。

好的内容格式能够给用户带来别样的体验，产生强大的吸引力，让用户不由自主地想要关注。反之，即便运营方式巧妙，人设也颇具魅力，但若内容格式差强人意，用户可能起初会被吸引，可时间一长，便会因内容的枯燥乏味而失去兴趣，进而不再关注，投向其他更具吸引力的自媒体账号。

李强是一名小学数学老师，对数学有着深厚的热爱。在常人眼中，数学或许略显枯燥，但在李强看来，每一个数字都仿佛拥有生命，生动有趣且十分可爱。当他听闻有些孩子不爱学数学，成绩欠佳，家长不得不给孩子报补习班时，他感到颇为诧异。李强心想，若是自己能在自媒体上把心爱的数学知识以独特的方式呈现出来，或许会引发不一样的反响。

为了提高成功的概率，李强在各大平台都注册了账号，期望通过多平台结合的方式创造佳绩。随后，他便着手录制视频。鉴于自己教师的身份，他决定以传统的方式授课，道具为一块黑板、一支粉笔，力求给观众营造出坐在教室里听课的真实感。

视频发布后，李强迅速收获了大量粉丝的关注，其中多数是学生家长。他们看到免费的教学视频，宛如抓住了救命稻草，满心期待自己的孩子能借此提升数学成绩。粉丝人数的上涨让李强欣喜不已，他觉得自己已然迈出了成功的第一步。

然而，好景不长。一段时间后，李强发现粉丝人数不仅停止增长，反而逐渐减少，这一现象让他困惑不已。于是，他开始留意评论区的留言，只见家长们纷纷诉苦："老师，孩子不爱学怎么办？""拿着手机光知道玩，根本就不看视频。""眼睛看着视频，心早就飞了。"这些留言让李强深感痛心。他自认为已经全身心地投入教学，可孩子们却不配合。

面对这样的结果，李强倍感失望。他觉得自己付出了大量的心血，却得到如此结局，实在有些辜负自己的努力，渐渐地，他的教学视频也就不再更新了。

其实，李强的自媒体账号经营方式并无不妥，所传授的内容也全是干货。但问题在于，他的内容格式不够新颖，甚至有些刻板，孩子们对此缺乏兴致。毕竟学习的主体是孩子，而非家长。若孩子始终不愿学习，家长们也就失去了关注的意义。由此可见，对于自媒体创业者而言，表现形式至关重要。只有打造出富有吸引力的表现形式，才能持续吸引受众的关注，否则很可能在竞争激烈的自媒体领域中折戟沉沙。

从“燕窝大学”看自媒体成功之道

在当今这个信息极度发达的时代，每个人所接收的信息量已呈指数级增长。在这样的环境下，若想让自己的内容脱颖而出，就不能与他人千篇一律，否则很难让别人记住并关注自己。所以，我们在创作内容时，要选取对他人有帮助的要点，让他人看过之后，能清楚什么可为，以及如何去做才能收获实实在在的成果。

“燕窝大学”作为一个著名的自媒体账号，其运营者最初的想法只是想让自己变得更美。起初，她尝试过化妆，也用过各类保养品。然而，随着年龄的增长，她逐渐意识到内服内调的重要性，于是开始深入研究滋补品。机缘巧合之下，她找到了一位从事燕窝销售长达20多年的合作伙伴。这位伙伴在海外拥有一个占地几百亩的庄园，园中设有燕屋，燕子会飞来此处生产燕窝。此外，还有两个巨型工厂，每个工厂都有几百名工人，他们每日专注于燕窝的杀毒、清洁、打包以及发货等工作。正因如此，“燕窝大学”的运营者能够获取一手货源，且能确保货源的高品质。

后来，运营者考虑到不应仅将燕窝用于满足自身需求，而应将事业做得更大。于是，她采用矩阵式运营策略，制作了一系列与销售燕窝相关的内容。这些内容既满足了做燕窝生意人群的需求，也契合了燕窝消费端用户的需要。为此，她创建了微信公众账号，推出了“燕窝TV”短视频节目，并在用户群中进行分发。同时，她还注册了“燕窝大学班主任”个人号，并运营着23个班级群，使得自媒体生意日益红火。

在表现形式方面，运营者可谓匠心独运。她制作了许多只需一句话就能解答问题的内容，还把一些优质内容打造成小程序。对于那些想做燕窝生意却不知从何下手的人而言，只需访问相关小程序，便能获取大量文章和内容。新手可以将这些内容自动转化为自己的素材，用于经营朋友圈，无须再为每日发布什么内容而苦恼。

除了内容与表现形式精良外，“燕窝大学”平台的实用性也极强。用户一旦关注，便能收获诸多关于燕窝的知识。例如，新手用户能从中了解到燕窝的正确炖煮和浸泡方法，从而增长很多知识。

如今，在精心运营下，“燕窝大学”已拥有两万多名学员与合作伙伴，其中12%的人每月销量超过50万元。由此可见，将一件事情、一个垂直领域乃至自己的爱好钻研透彻，便能实现可观的营收。

“燕窝大学”的成功秘诀在于其提供了实实在在有价值的内容，关注它的人们能够获得巨大收获。这其实也是其他自媒体人成功的共同特点。

因此，我们若能将自己的爱好做到极致，让用户快速获得实际收益，掌握好矩阵经营模式，设定好内容与表现形式，并实实在在地输出干货，就有望将兴趣爱好发展成副业，实现盈利。需要注意的是，这三者需协同推进，缺一不可，因为任何一个环节出现短板，都可能对自媒体创业产生重大影响。

第 19 课

涨粉其实并不难，留住粉丝就三招

我们经常在短视频平台的直播间听到“涨粉”和“掉粉”的说法，也就是吸引了多少粉丝的关注，失去了多少粉丝的关注。对于自媒体人来说，做自媒体能否成功，关键要看会不会很好地经营粉丝，粉丝是自己的衣食父母。有些人三言两语就能吸引粉丝，而有些人，虽然心中非常清楚粉丝的重要性，但无论怎样努力都无法让粉丝长时间关注，因此生出深深的挫败感。为什么会出现这样的情况呢？同样做自媒体，你为什么留不住粉丝呢？事实上，经营粉丝也是有方法的。

定性分析

定性分析，简而言之，是对粉丝属性进行深入剖析。比如，你的粉丝中男性与女性的比例如何？他们主要分布在哪些地区？是北京、上海这样的一线城市，还是陕西、湖南等区域？他们所在地区的民众通常有何爱好？这些粉丝又展现出怎样的兴趣特征？他们日常浏览哪些网站，偏好何种内容？喜爱的网络应用及软件有哪些？这些都是定性分析的范畴。一般而言，它涉及职业、性别、喜好、地域、收入状况等多个维度。

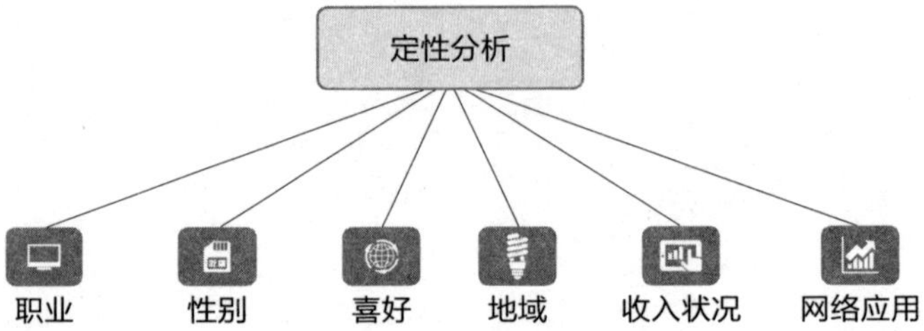

图45　用户定性分析

1. 职业

职业对一个人的影响很大。通常来说，人们会比较关注一些与自己职业相关的内容。如果自己的粉丝有相当一大部分是职业相近的群体，那么你就可以在这个职业上进行深挖，做一些他们喜欢的内容，这样更容易牢牢地抓住粉丝。

2. 性别

粉丝的性别与内容存在着紧密联系。一般而言，女性往往对美妆、穿搭以及情感类内容更为青睐；而男性则大多钟情于游戏、汽车、旅行等方面的资讯。倘若自己的粉丝以女性居多，且自媒体内容缺乏鲜明特色，那么不妨适度向女性化内容靠拢，如此一来，便更容易吸引女性粉丝的关注。

小杜是一名情感主播。每次直播时，他都会与粉丝分享一个情感话题，并和大家进行互动讨论。他所涉及的话题十分广泛，涵盖家庭矛盾、夫妻情感、职场压力以及邻里关系等诸多方面。直播没多久，他就成功圈粉20万。在直播过程中，小杜留意到了一个颇为奇特的现象：每当谈及家庭矛盾这一话题时，粉丝们的反应格外热烈，互动也极为频繁，而其他话题则没有呈现出如此明显的差异。

为了进一步提升自媒体的运营效果，小杜着手对粉丝展开定性分析。他发现自己的粉丝大多是中年女性，她们在日常生活中经常面临家庭矛盾等问题。鉴于此，小杜果断在自己的直播间增设了一个专属版块，专门帮助粉丝解决家庭矛盾。只要有粉丝遇到此类问题，都可以通过私信向他咨询，并预约请他协助解决。一旦预约成功，小杜便会在直播间进行调解，必要时还会通过电话连线某些矛盾的相关当事人。他处理问题公平理性，分析问题有理有据，深受大家的喜爱。

随着时间的推移，小杜的名气日益增长。越来越多的人知道有这样一位情感主播，纷纷推荐身边的人关注他。就这样，小杜不仅牢牢抓住了直播间的大部分用户，还吸引了更多的新粉丝。相应地，他所获得的利润也越来越高。

由此可见，在粉丝定性的过程中，性别是一个重要的考量因素。只要我们能够精准掌握粉丝的性格特点以及他们所面临的实际情况，就能创作出贴合他们需求的内容，从而持续吸引他们的关注。

3. 喜好

个人喜好是粉丝关注一位自媒体人的起点。因为主播的某一特质契合自己的喜好，所以人们愿意给予关注，进而成为其粉丝。因此，自媒体人应当深入了解用户的喜好，然后有针对性地挑选内容，这样才更容易抓住粉丝的兴趣点，成长为拥有众多粉丝的大V。

“仙女酵母”是抖音上的超级IP，拥有近1500万的粉丝。她在抖音上最显著的特征和动作就是接听电话。当电话打来时，她接起电话轻声说：“喂，你好！”随后，对方会提出一些问题，通常是感情方面的困扰，希望“酵母”帮忙解决。“仙女酵母”的视频构图颇具特色，背景全是欧式建筑，而她本人的穿着打扮仿佛是从欧洲穿越而来的贵族。“仙女酵母”这个名字源于《灰姑娘》，灰姑娘的教母（酵母）是仙女，常常帮她解决各种难题，最终助她找到王子。那么，“仙女酵母”是如何取得成功的呢？

“仙女酵母”最初并非使用这个名字，她只是一名普通女大学生，制作视频的方式主要是街访，也就是到大街上采访路人。她每天采访不同的人，紧跟热点话题，粉丝数量很快增长到20万。然而，就在这时，粉丝数量停滞不前，自媒体创业陷入了瓶颈期。

面对困境，“仙女酵母”进行了深入的思考和分析，其中关键的一环就是开展定性分析。当时，她走上街头，寻访了许多20岁左右的年轻人，了解他们平时的观看喜好。她发现，这些年轻人对奢华复古风颇为喜爱，很多人表示喜欢洛丽塔装以及类似唐顿庄园的建筑风格。

通过定性分析，“仙女酵母”清晰地把握了粉丝的特征。于是，她明确了自己的定位：一是专注于自己擅长的情感内容创作；二是要与自媒体上其他讲述情感的账号形成差异。从那以后，她的粉丝数量从20万迅猛增长至1500万，成功跻身自媒体大V行列。

“仙女酵母”无疑是利用粉丝喜好这一特点实现成功的典范。她的定性分析十分奏效。对于想要做好自媒体的人来说，必须充分了解用户的情况，正所谓“知己知彼，百战不殆”。只有清楚知晓用户的喜好，才能赢得他们的青睐。

4. 地域

虽然在网络上，地域的界限不是很明显，但是用户对省份这一级地域还是比较在意的。通常来说，用户们更加愿意关注与自己同一省份的主播，也就是所谓的“老乡爱老乡”。同时，不同的省份有不同的习俗，如果自己的内容能够吸引更多同省份的用户，引起大家情感的共鸣，那么这些粉丝很容易就会变成铁粉，不会轻易从身边流失。

5. 收入状况

收入状况也是决定粉丝数量的一个关键因素。通常情况下，收入高的人更容易吸引有钱人的关注，而一些草根创作者，则容易引起普通大众的关注。收入高低在一定程度上会引起消费观念的不同，这就使粉丝人群也会有所不同。

6. 网络应用

网络应用调查是洞察粉丝偏好的有效途径，有助于深入了解粉丝群体。比如，需探究粉丝常用哪些软件，这些软件的具体名称，他们每天打开软件的频率，以及获取信息的方式等。还要关注粉丝是否一早醒来就浏览手机，若是，他们通常会看什么内容，是朋友圈还是抖音？睡前是否也有这些习惯？这些问题都是调查的重要内容。

某地区为宣传区域文化遗产，决定拍摄视频并征集参选作品。消息发布后，众多视频投稿纷至沓来。然而，部分视频内容较为传统，如一位小朋友在视频中说：“你好，叔叔，我想学扭秧歌，我要传承这个非遗技艺。”此类视频显然未能达到预期的宣传效果，评委们对此并不满意。于是，他们咨询了一位新媒体人，希望了解如何制作更具吸引力的视频，以吸引更多人关注区域文化遗产。

新媒体人指出，要吸引粉丝，关键在于明晰用户群体及其喜好。只有深入了解这些，才能实现宣传目标。他建议相关部门开展问卷调查，并特别推荐在网络上进行。因为传统的走街串巷式调查不仅工作量巨大，而且用户答案各异，难以统计。而通过网络问卷或数据调查表，每询问一人即可填写一次，后台能自动统计并清晰呈现数据图表。此外，调查过程中还可灵活调整问题及提问方式，从而勾勒出大致的用户特征和画像。

相关部门采纳建议并执行后，对受众群体有了更深入的了解，包括他们常用的网络平台等。随后，视频拍摄工作顺利完成，且效果出色。

这一实例表明，对用户进行网络应用调查是了解用户的重要手段。选择用户偏好的网络平台开展活动，往往能取得更高的成功率。

定量调查

定量调查旨在批量寻找目标用户。相较于定性调查，定性调查可能只是小范围的一对一或一对多访谈，而定量调查则需找到1000个甚至10000个用户。无论是通过QQ群发起有奖调查，还是开展街头调研，都是可行的方式。定量调查的数据量一般要在1000份以上，如此得出的结果才会比较客观。我们可以对定性分析的问卷加以优化和提升，利用其中的问题，吸引更多人填写答案，从而使数据更为准确。

定量调查有一个关键之处，那就是巧妙设置问题，让问题带有一定的延伸性。例如，询问对方醒来后是否会看手机，若得到肯定答复，接着问其拿起手机打开的第一个软件是什么。列举出常用软件，若对方选择微信，再根据微信相关情况向下提问分支问题，比如打开微信后，是先看别人发的消息，还是先去刷朋友圈。如此逐步细分下去，可以保证收集到的答案大多是有效的，这是定量调查中至关重要的一点。

理解用户

理解用户，并不是仅要求自己做到对用户的透彻洞察，还需确保身边的团队成员也能达成这种理解。而在这个过程中，有一个实用的小技巧，简单来说，就是“一张画”和“一个故事”。

所谓“一张画”，关键在于精准提炼出用户的共性特征，并将其清晰描述出来，形成用户画像，然后展示给团队成员。当与用户产生分歧时，这张画像就如同一位熟悉的老友，能让我们从客观角度重新审视问题，避免陷入主观臆断的误区。

“一个故事”，则要求我们深入探究用户与产品或者自媒体账号的交流历程。只有真正了解用户在接触过程中的所思所感，才能更全面地把握他们的需求。

在实际调研中，有这样一个颇具代表性的案例。一个自媒体团队结识了一位十分接地气的农村小卖店店主。店主提供了自己的一张照片，每当团队成员看到这张照片，就仿佛看到了自己的目标用户。

这位小卖店店主平日里喜欢摆弄手机。清晨起床后，他总会习惯性地打开微信，浏览朋友圈里的各种动态，比如谁昨晚喝多了，谁又去了哪里游玩等。有一天，他在刷朋友圈时，被一个标题吸引住了——“这个人竟然10年之内上了9次珠穆朗玛峰”。出于好奇，他点击链接想一探究竟。没想到，链接背后是一个短视频，讲述的是一位孝子的感人故事。这位孝子的母亲瘫痪多年，他十年如一日，每天背着母亲下楼散步，再背着母亲上楼。10年来攀爬的高度累计约等于9个珠穆朗玛峰。小卖店店主深受触动，毫不犹豫地点击转发，希望更多人能看到这个温暖的故事。

这个自媒体团队从小卖店店主的这次经历中收获颇丰。从店主因一个标题而点击链接，他们深刻认识到标题的重要性；店主被视频内容打动，让他们明白视频内容的质量至关重要；而店主最终的转发行为，也让他们意识到推文中需要设置激励用户转发的元素，比如一个巧妙的按钮或者一句能引发共鸣的话。通过这件事，团队清晰地梳理出一个用户与一则内容发生关系的完整链条。

这个案例生动地诠释了“一张画”和“一个故事”的理解用户之法。掌握了这个方法，理解用户就会变得更加轻松自如。

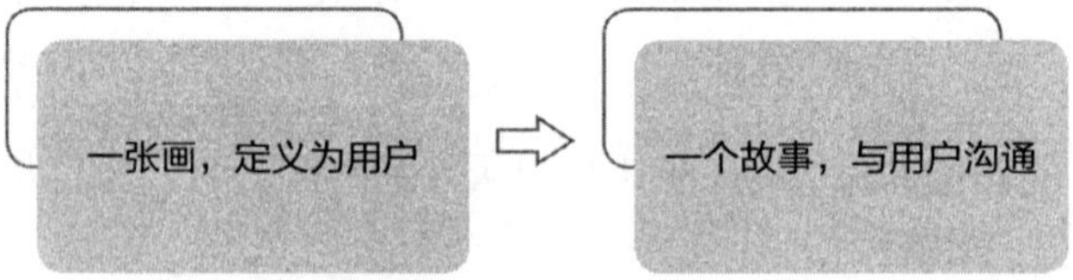

图46　理解用户的方法

所以，若想真正理解自己的粉丝，做好粉丝运营工作，就要像与朋友相处一样，不断与他们交流，进行定性分析。在此基础上，还要扩大范围，开展定量分析。同时，运用“一张画”和“一个故事”将粉丝的特点清晰地描绘出来。做好这些基础工作后，我们便能投粉丝所好，创作出他们喜闻乐见的内容，从而长久地留住粉丝的心。

第 20 课

做好定位，变现其实很轻松

要成为一个成功的自媒体人，用户定位和个人定位至关重要。然而，仅做到这两点是否就意味着成功呢？答案显然是否定的。内容定位同样是不可或缺的关键一环。有些人的内容定位极为明确，以至于观众仅凭内容本身，无须查看标题或账号名称，便能辨识出作品的归属。因此，精准找到自己的内容定位，并构建好内容公式，方能更快接近成功的彼岸。

内容公式的输出并不是随心所欲的，它必须建立在一定的原则之上，否则仍旧达不到想要的效果。通常来说，内容公式的输出要遵循四个原则，即有品、有趣、有料、有种。

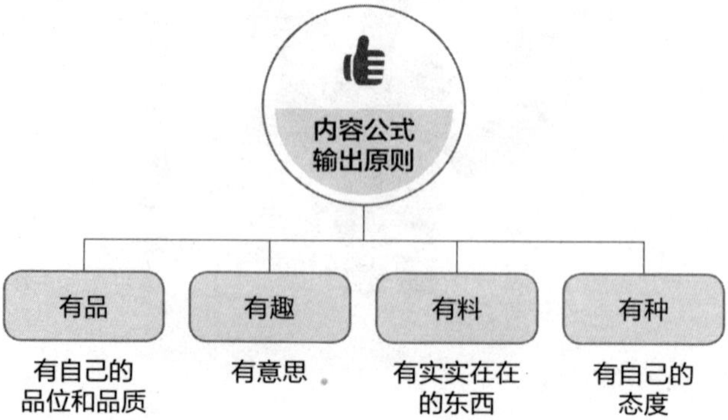

图47　内容公式的输出原则

有品

品，即品质与品位。有品，不仅意味着对自身内容有独到见解，更要确保内容实在，对用户负责。唯有具备品位的内容，方能吸引粉丝关注，并使其长期保持兴趣。

安安是个极为漂亮的小姑娘，能写一手好字。她在微博上经营着一个小众写字号，专注写字练字，各类有趣的字体皆有所涉。她将自己定位为文艺型女生，所写皆是充满文艺气息的漫画字，头像也设置为可爱的小女生漫画头像。

凭借可爱且富有创意的内容，安安收获了不少粉丝。然而，她总感觉还有些欠火候，或许是在品位上尚有提升空间。于是，她不断思索如何提升内容品质。一次看书时，她读到一句优美的话，便将其融入练字的内容，引得众多粉丝点赞。

安安由此意识到，大家对品位的需求颇高。此后，她每天输出内容时，都会融入一句比较有品位有深度的话。粉丝们看到这些话，或深受启发，或倍感温暖。这也切实保障了作品的品位，让安安的账号更具魅力。

有趣

有趣，相对而言，是一个较易理解的概念，简单来说就是有意思。有趣的表达大致遵循两种逻辑：

其一，要让别人听得进去。当我们阐述内容时，需列举大量案例，并辅以丰富的表情和动作。如此一来，就不会让听众感到枯燥乏味，使他们愿意持续听下去。就好比一位优秀的演讲者，不会只干巴巴地陈述观点，而会借助生动的事例和鲜活的肢体语言，将听众的注意力牢牢吸引住。

其二，要容易记住。在自媒体领域，有些内容较为专业，或者蕴含着较深的知识内涵，对于一般用户而言，理解起来存在一定难度，相应地也很难被记住。而有趣的内容，则善于将复杂的事物用接地气的方式表达出来。例如，在讲解高深的科普知识时，要运用日常生活中的例子，让大家更易理解；或者以娓娓道来、如同唠家常的口吻，用漫画般的形式来解读某种艺术或知识。当人们理解了这些内容，也就更容易记住，进而觉得有趣。若能做到这点，自媒体就成功了一半。

丹妈是一位全职妈妈，为了悉心照料自己的宝宝，她深入学习了大量的育儿知识，在育儿之路上逐渐积累出许多心得。此后，她更是进行了科学、系统的学习，最终成为一名专业的育儿师。随着知识储备日益丰富，丹妈希望通过自媒体赚取一些零花钱。

她选择了抖音平台，注册了自己的账号，并将育儿知识作为主要内容。然而，初涉自媒体的她有些紧张，每次录制视频时，总是一本正经地坐在桌前，开门见山地讲解育儿知识。她坚信，实实在在地讲干货，远比那些华而不实、靠噱头博眼球的做法要好得多，理应受到欢迎。

但现实却给了她沉重的一击。视频发布许久后，粉丝数量依旧寥寥无几。丹妈陷入了迷茫，不知问题究竟出在哪里。

后来，丹妈向朋友们倾诉了自己的遭遇。朋友们观看了她录制的视频后，纷纷指出，虽然她讲的内容十分有用，但视频太过无趣，让人缺乏观看的兴趣。在当今这个信息爆炸的时代，即使是传授知识，也需要具备趣味性和吸引力，这样才能吸引粉丝关注。大家建议丹妈尝试改变风格，在讲解知识时尽量风趣幽默一些。

丹妈虚心接受了大家的建议，经过几天的反复琢磨，她决定将视频拍成短剧的形式，并请家人帮忙出镜，再配上幽默风趣的语言。没想到，效果非常好。一段时间后，粉丝数量大幅增长，评论区里满是称赞："看你的视频不仅能收获快乐，还能学到育儿知识，太棒了！"

通过这件事，丹妈深刻地认识到了趣味性的重要性。在自媒体的世界里，有趣的内容就如同磁石一般，能吸引无数的目光；又似一把钥匙，能打开观众的心门，让他们欣然接受你所传达的信息。

有料

有料，意味着内容中要有实实在在的东西，能为用户提供真正有价值的内容，甚至让用户听到后马上就能用到，产生即时效应，这样的内容往往更受大家欢迎。比如在视频中教大家做一道美食，用户观看后能够即刻动手实践，这便是所谓的“有料”。

随着快手、抖音等短视频平台的迅猛发展，众多草根明星如雨后春笋般涌现出来。李楠看到这些，不禁心生羡慕，暗自思忖：大家都是普通人，既然他们能够取得成功，自己也可以。于是，他在抖音上注册了账号，开启了自己的自媒体生涯。

开始拍摄视频时，李楠却犯了难，思来想去也不知该拍些什么。他的生活平淡无奇，既没有丰富多彩的经历，也没有特别的兴趣爱好，更谈不上有什么特长。于是，今天拍花花草草，明天拍猫猫狗狗，这样大概持续了半年多的时间，发布了好几百条作品，然而点赞数寥寥无几，粉丝更是屈指可数。这让原本雄心勃勃的他逐渐丧失了信心。

后来，几个熟悉的朋友看了他的视频后，直言不讳地告诉他：“你知道自己的作品为什么没人关注点赞吗？我看了都不知道你想给大家看什么！你得有料啊！看了跟没看一样，没有实实在在的内容，也没有特点，自然没人喜欢。”

朋友的话让李楠觉得颇有道理。思索自身能力后，他最终选择了放弃。

从李楠的经历中我们可以看出，若想做好自媒体，自身必须有清晰的规划和明确的内容。作品要能对用户有切实的帮助，或者给他人带来经验，或者带来快乐，否则就很可能遭遇失败。所以，有料是做好自媒体内容定位的关键要点之一。

有种

有种就是要有态度。这个原则相对来说是较难把握的，因为一旦你把控不好尺度，就很容易跑偏。或太偏执，或太软弱，这两种都是互联网上不太受欢迎的性格特点。在做内容时，你一定要有自己鲜明的态度，反对谁，为什么反对，支持谁，为什么支持，有理有据，这就叫有种、有态度。

掌握了内容公式的输出原则之后，接下来就要看内容本身。通常来说，内容公式有五大类型，即清单类、热点类、明星类、比较类以及有奖类。

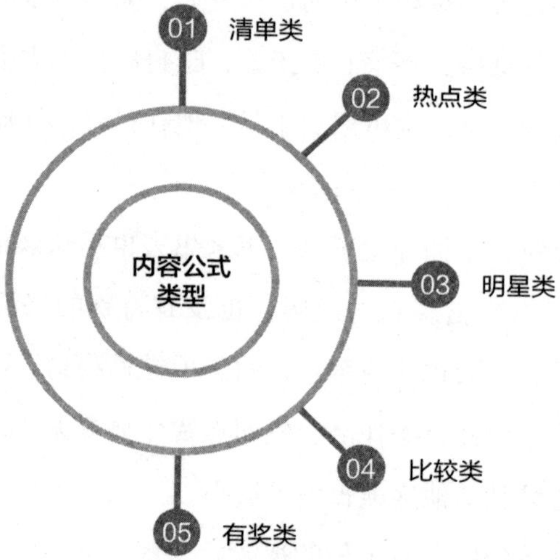

图48　内容公式的五大类型

清单类

清单类内容往往容易出彩。例如，当你计划去北京旅行时，大概率会去搜索北京旅行攻略。在自媒体平台上，人们通常会优先选择查看“北京必到的十大景点”这类清单式内容。此类内容经过整理后十分清晰，尤其是一些种草号，其内容详尽，而这恰恰是大众需要的。在做清单类内容时，需要注重内容的广度，避免因范围过窄而给自己带来较大局限。

阿咪是一位旅行达人，她不仅钟情于欣赏世间的万千风景，还热衷于制作各种旅行攻略。在她看来，做攻略和在旅途中探索都趣味十足。只要是她去过的地方，前期功课都做得极为充足。而且在旅行结束后，她还会补充一些遗漏的重要信息，从而形成一份完整的旅行规划。

后来，阿咪接触到自媒体行业，便想凭借自身经验发展一份副业。她的视频采取每日打卡一个地方的形式，将当地的著名景点、美食以及娱乐场所等一一列举出来。无论谁想去这个地方旅行，观看她的视频后，都能对当地情况有一个大致了解。若还想进一步知晓哪些景点值得停留、哪些不值得前往，还可以私信向她咨询。

阿咪的作品内容条理分明，深受旅行爱好者的青睐。她为人们带来了极大的便利，在很大程度上帮助他人节省了时间和精力。

阿咪的作品就属于清单类内容，其以清晰的条理性吸引用户关注，给人一种一目了然的感觉，无疑是一种十分不错的内容定位。

热点类

热点类内容，即围绕热点进行设计的内容。例如，当某个明星近期热度颇高时，便会有人剪辑一段与之相关的视频，发布在自媒体平台上。这类视频或许只是小小的片段，时长可能仅有几秒到十几秒。然而，由于紧扣热点，其传播速度极快，得到的关注度也相当高。热点自带话题属性，能迅速吸引大众目光，使得相关热点内容在短时间内获得广泛传播，引发大量关注。

明星类

明星类内容就是借助某些正面的明星所做的内容，这类内容适合跟清单类内容结合在一起，这样流量会更大。

比较类

比较类内容，即包含显著对比元素的信息，旨在吸引公众注意并激发讨论，进而提升流量。例如，某推文提出：“为何感性的人倾向于发送语音消息，而理性的人则偏好打字交流？”此问题虽未论及内容真伪，却巧妙构建了鲜明对比，引人深思。读者见状，不禁自行比较，产生讨论欲望，进而乐于分享，有效促进了信息传播与流量增长。

有奖类

有奖类内容是比较典型的引流内容，众多自媒体账号都是凭借这类内容逐步积累起人气的。那么，有奖类内容的逻辑究竟是怎样的呢？

比如说，一位主播与商家进行谈判，提出："今天我来推荐你的美食，不过你得给我的粉丝提供五折优惠。只要我的粉丝把这篇文章转发到朋友圈，就能享受这个优惠"。对于商家而言，既然花钱做营销，自然希望有更多用户参与其中。所以，这种能给用户带来实际利益诱导的有奖类内容，往往能得到大量转发。

在制作有奖类内容时，有个小技巧值得注意，那就是一定要让用户为你完成一个特定动作，具体来说就是输入密钥的动作。在推文结尾处，可以这样表述："若你想获得奖励，请向我发送密钥，比如'五折券'或者'我想要五折券'等文字，只有这样，我才会将五折券的通关密码给你。"其实，这样做的目的无非是引导用户关注你，进而实现粉丝量的增长。

强子最初涉足自媒体时，运营的只是一个相对小众的账号，日常主要拍摄自己的日常生活状态。记录那种山水田园般的生活，给人一种宁静悠远的感觉，正因如此，很多人被他的视频所吸引。随着时间推移，他逐渐积攒了不少粉丝，视频也常常登上热门。

后来，一些厂家主动找到强子，希望他能在视频中植入自家工厂的产品。强子觉得这是个赚钱的好机会，便欣然答应。再后来，他干脆转型做起了带货主播，将优质的商品推荐给粉丝。

在直播带货过程中，强子一边保持自己的风格，一边积极学习其他主播的营销方式。他发现，很多主播经常给粉丝发放福利，推出打折优惠活动，以此吸引更多关注。他认为这是个不错的办法，毕竟有些用户为了获取福利，关注一下主播并非难事。此后，强子每联系一个厂家，都会为粉丝争取一个“折上折”的优惠，而且只有关注他的粉丝才能享受。除此之外，他还经常开展关注主播领红包、加关注优先发货等活动。通过这些举措，强子的粉丝越来越多，利润也日益增长。

强子凭借有奖类内容，成功将自媒体经营得风生水起，成为拥有百万粉丝的网络红人。由此可见，我们在做内容定位时，需要运用一定的技巧，这样才能收获意想不到的效果。

坚持基本的输出原则，选好内容分类，内容定位就基本完成了。而在后续的内容制作中，还有至关重要的一点，那就是不断新增有效的内容公式，始终保持内容的新鲜度。只有这样，才能留住老粉丝，吸引新粉丝，维持庞大的粉丝群体，从而成为一名成功的自媒体人。

第 21 课

打造个人 IP，让副业变主业

如今，自媒体上的达人数量日益增多，竞争压力也随之不断增大。在此背景下，如何经营好自己的IP，于互联网中寻得独一无二的发展空间，成了自媒体创作者们亟待探究的奥秘。

那么，究竟该如何做好市场定位呢？有三个关键要素，即敢晒、敢拼、敢闯。这是历经十几年变迁，一批批网络红人们在发展过程中总结出来的经验。若想打造属于自己的市场定位，这三个要素必不可少。

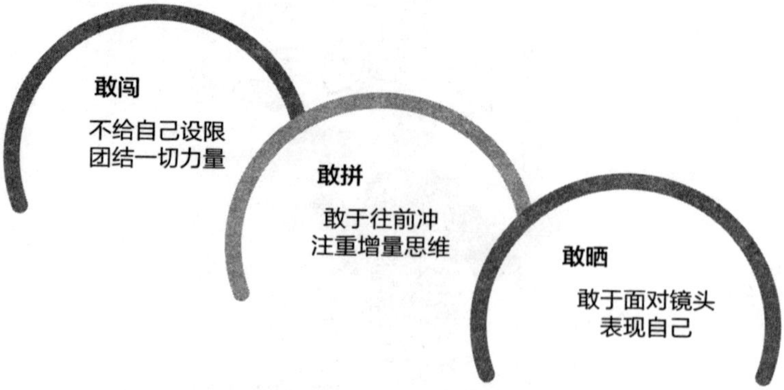

图49　打造好个人IP的三个要素

敢晒

敢晒，就是敢于表现自己，勇于直面镜头。在自媒体的世界中，有些人却羞于面对镜头。他们或是觉得自己输出的内容质量欠佳，或是认为自己样貌不够出众，又或是觉得自己没有真才实学，因而底气不足。其实，这都是自卑感在作祟。

自媒体是一个广阔且平等的平台，在这里，只要你有想法，就有机会展示自己。倘若实在难以跨越心中那道坎，那就要不断地说服自己。比如，扮演好做自媒体的角色，或是在朋友圈中展现出积极向上的形象。要知道，这个角色是你应承担的责任与义务，它既不影响你对自己的要求，也不会改变别人对你的看法。

何梅就是一个典型的例子。她热情开朗，虽读书不多，却对唱歌有着浓厚的兴趣，无论做什么都哼着曲调。她家境普通，请不起专业老师，只能每天跟着电视、手机学习唱歌。周围的人都夸她唱得好，鼓励她进一步发展，可她却因觉得自己长相不佳而不敢前行，心中满是自卑。

后来，何梅打算在自媒体上通过唱歌创业来赚取收入。注册账号后，她每天都录制唱歌视频，然而，她始终不敢露出自己的脸，镜头对着房间一角，只闻其声，不见其人。

一段时间后，何梅的自媒体事业毫无起色。她查看评论区，多数网友都在询问“人呢”，她不禁自嘲：“这还真是个看脸的时代啊。”此时，她面临两种选择：一是放弃，宣告失败；二是勇敢地晒出自己，直面他人的言论。经过一番犹豫，她选择了后者。

当她真正面对镜头时，才发现战胜自己并非难事，而且也没有多少人过分在意她的长相。面对镜头后，她感到轻松许多，歌声也不再那么拘谨。后来，她也尝试直播，在直播间里一边唱歌一边与观众互动，早已褪去了最初的羞涩。

何梅最终在自媒体行业实现了自我价值，她没有被自己的羞涩所击败。由此可见，有时候勇敢地表现自己是十分必要的。这种勇敢，或许正是横亘在你与成功之间的唯一障碍。只有敢于迈出那一步，勇敢地展现自己，我们才有可能突破自我，走向成功。在生活中，我们也应像何梅一样，克服内心的自卑与羞涩，勇敢地去追求自己的梦想，让自己在合适的舞台上绽放光彩。

敢拼

敢拼，意味着要乐于分享，勇敢地向前冲，积极努力争取。一个人之所以选择拼搏，往往是期望获得相应的回报，其内心深处秉持着一种增量思维。也就是说，要愿意付出，却不急于求成，不奢望短期就能看到回报。生活中，有许多人不敢去拼搏，正是因为他们未能真正理解和运用这种增量思维。比如那些做自媒体的人，在短时间内看不到收益，可能历经数月数年仍处于新手期或成长期，便轻易放弃了。

实际上，我们如今所做的每一个举动，都是在为未来进行增量积累。每撰写一篇文章，或是拍摄一个视频，都如同为未来的成功奠定基石、添砖加瓦。只要我们去做了，就可能会收获两种回报：一种是情绪上的回报，当我们完成这件事时，内心会感受到快乐；另一种是财富的增量，也许当下我们给予他人帮助并未得到任何实质性收益，但在不久之后，对方或许会因为某件事而想起我们，从而为我们带来回报。这两种回报都足以成为我们拼搏的动力。即便屡战屡败，我们也应屡败屡战，直至最终获得成功。

如今，自媒体创业已然成为潮流，更是难得的机遇，越来越多的人渴望抓住这个千载难逢的好机会，实现财富梦想。然而，成功并非唾手可得，必须全力以赴、奋力拼搏才行。莉亚深知此理，所以在自媒体领域格外拼命。

起初做直播时，莉亚的直播间鲜有人问津。但为了这寥寥无几的粉丝，她依然坚持每天直播。作为说唱主播，无人交流时她就唱歌，有人互动时便聊聊天。长时间的说话，让她的嗓子多次发炎，声音变得嘶哑。家人心疼她，劝她："粉丝也没几个，又没什么回报，何必这么拼命呢？"莉亚总是摇摇头，说道："钱并非唯一的回报，我从粉丝那里获得了快乐和满足，这就足够了。"就这样，她始终坚持不懈，粉丝逐渐增多，也成了小有名气的网红。回首过往，莉亚深感欣慰，她庆幸自己当初没有放弃，而是奋力一搏，才走到了今天。

莉亚的成功是日积月累的结果，而非一蹴而就。一夜爆红的情况并非没有，但那只是极少数的幸运，并非常态。几乎所有的成功都是历经千锤百炼，厚积薄发而来。若从事自媒体行业，却不愿拼搏努力，每天只幻想着一朝成名，那无疑是痴人说梦。

王蒙是个十分“务实”的人，他只要付出，就期望立刻看到成效，甚至渴望一夜暴富、声名远扬。看到各大自媒体平台上的网红生活很惬意，他心中非常羡慕，也想赶时髦捞一笔。于是，他购置设备、注册账号，开启了自己的自媒体生涯。起初，和大多数人一样，王蒙的粉丝寥寥无几，这让他心里很不是滋味。他这才意识到此事并非想象中那么简单。仔细对比自己的付出与收获后，他觉得太不划算，便打算放弃。朋友得知他的想法后，劝说道：“哪有什么事情能随随便便成功？任何投资都不会立竿见影，你还是再坚持一下吧。”但王蒙却不这么想，他说：“我已经尝试过了，没看到任何效果，我觉得自己不适合做自媒体。再说，一直看不到回报，我还努力什么呢？这不是徒劳吗？这样耗下去，我可耽误不起。”就这样，王蒙的自媒体创业之旅虎头蛇尾地结束了。

自媒体与其他工作一样，只会给敢于拼搏、坚持努力的人提供机会。如果没有长远的目光和规划，最终很可能一事无成。常言说得好，爱拼才会赢，敢拼是成功的必备条件。

敢闯

敢闯，意味着要勇于向前迈进，不被自我设限所束缚。要团结一切可以团结的力量，积极连接孵化器、公会、平台以及各类共生资源，如此方能实现协同进化。然而，现实中很多人缺乏这种敢闯的精神，无论做什么事都畏首畏尾，不敢主动与他人联系，故而难以跨越发展道路上的重重障碍。其实，无论你是新媒体从业者、直播网红，还是普通的朋友圈达人，都应当积极连接平台，勇敢去闯，唯有如此，才能走向更为广阔的天地。

阿妹，便是一位凭借敢拼敢闯在自媒体创业领域取得成功的典范。她从一个单枪匹马的个体，逐步发展成为一个颇具规模的团队，这一路走来，敢闯的精神功不可没。

最初涉足自媒体时，阿妹对自媒体能带来的回报并无清晰认知，一方面出于好奇，另一方面也怀揣着一丝成功的期待。她每日录制视频，内容不过是简单记录自己的生活。彼时的她，身为打工妹，生活虽艰苦，却总能微笑面对，这种苦中作乐的生活态度吸引了众多粉丝的关注。随着粉丝数量的不断增加，一些商家也渐渐注意到了她。

商家找到阿妹，希望她能借助自身人气进行直播带货，以此获取更多收益。阿妹敏锐地察觉到这是个难得的机遇，于是欣然答应。阿妹的朴实形象深入人心，但凡她推荐的产品，粉丝们都十分认可，直播效果堪称播一场火一场。渐渐地，找她带货的厂家越来越多，而她一人之力已难以应对。此时，她面临着一个重大抉择——组建团队，租用场地。这无疑是一笔不小的投资，成功则前景一片光明，失败则可能一切归零，这让她陷入了两难的境地。

经过反复思量，阿妹决定放手一搏。她深知人生难得有这样的机会，若原地踏步，恐怕无法满足客户需求，最终会被淘汰。即便组建团队失败，大不了从头再来。在这样的信念支撑下，她不断给自己加油鼓劲，开始招兵买马，积极联系各大平台，甚至还寻找合伙人以减轻压力。一番努力之后，她的自媒体创业逐渐有了规模。

后来，阿妹的团队日益壮大，拥有了大型仓库、各类直播间以及众多工作人员，收入也水涨船高。每当回首当初抉择时的犹豫，阿妹都感慨万千："我的事业是闯出来的，若当时退缩，现在的我可能还是个打工妹，甚至早已在自媒体的洪流中被淹没。"

阿妹的故事启示我们，要想成功，就必须敢闯，在做好规划后便要义无反顾地前行。不过，敢闯也需有个前提，那就是不能盲目。敢闯并非蛮干，若不做规划，一味地追求做大做强，很可能会因遭遇意想不到的挫折而失败。

阿亮同样从事自媒体行业，他的经历与阿妹颇为相似。直播一段时间后，他积累了不少粉丝，便自认为已达到大咖级别，于是主动联系各大商家进行直播带货。但在产品质量把控方面，阿亮做得并不好，时常有粉丝反映产品质量问题。他却认为哪个主播没有黑粉，日后注意即可。与此同时，他盲目扩大规模，租场地、组团队，投入了大量资金。然而，当他以为万事俱备时，却发现很多厂家不太愿意与他合作，原来自己的实力尚未强大到可以对接大型公司，而且掉粉情况也较为严重。这时，他才开始慌乱，重新打造人设以吸引粉丝，仿佛又回到了起点。后来，因无力承担场地和团队费用，他只好转租场地、解散团队，最终落得一场空。

这件事对阿亮的打击巨大，他清楚这是自己急功近利的后果。在没有足够的粉丝规模和稳定人设的情况下就盲目去闯，现实给了他沉重的一击。

所以，敢闯要有拼劲，要敢于突破自我，既不能过度约束自己，也不能冒进。只有这样，自媒体创业之路才能越走越顺，前景越来越广阔。

俗话说，机会要靠自己去争取。在自媒体创业的浪潮中，若你不积极展示、拼搏、闯荡，又如何能让他人发现并关注你呢？在这个竞争激烈的环境中，无数人在争夺机遇，若缺乏敢拼敢闯的精神，只能在创业的起点就被他人超越。因此，我们必须重视敢闯这一关键要素，脚踏实地地去奋斗，方能始终走在自媒体行业的前列，抓住机会，实现赚钱的梦想。